一分钟学会

庆典贺词

一书在手　典礼无忧·创意金句　拿来就用

王密枢/编著

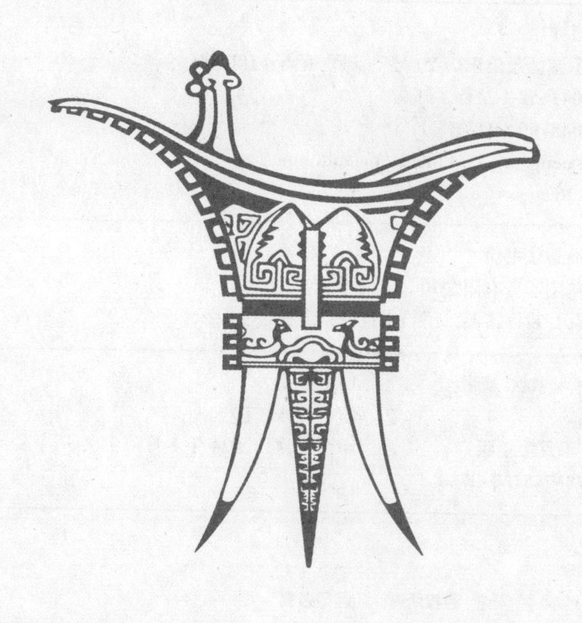

台海出版社

图书在版编目(CIP)数据

一分钟学会庆典贺词 / 王密枢编著 . -- 北京 : 台海出版社 , 2024.1
ISBN 978-7-5168-3780-1

Ⅰ . ①一… Ⅱ . ①王… Ⅲ . ①汉语－社会习惯语－汇编 Ⅳ . ① H136.4

中国国家版本馆 CIP 数据核字(2023)第 253758 号

一分钟学会庆典贺词

编　　著：王密枢

出 版 人：蔡　旭　　　　封面设计：天下书装
责任编辑：魏　敏

出版发行：台海出版社
地　　址：北京市东城区景山东街 20 号　　邮政编码：100009
电　　话：010-64041652（发行，邮购）
传　　真：010-84045799（总编室）
网　　址：www. taimeng. org. cn / thcbs / default. htm
E-mail：thcbs@126.com

经　　销：全国各地新华书店
印　　刷：三河市越阳印务有限公司
本书如有破损、缺页、装订错误，请与本社联系调换

开　　本：710 毫米 × 1000 毫米　　1 / 16
字　　数：150 千字　　印　　张：10
版　　次：2024 年 1 月第 1 版　　印　　次：2024 年 1 月第 1 次印刷
书　　号：ISBN 978-7-5168-3780-1

定　　价：59.80 元

PREFACE 前言

在日常生活中，集体或者个人如果有值得庆贺的事，通常会举办各种各样的庆典活动或者庆祝仪式，在活动或仪式开始前会由主办方或者被邀请的重要宾客发表讲话，带领大家共同庆祝，并表达美好祝愿。这就是庆典贺词。

使用庆典贺词的场合有很多，致辞人的身份也都不一样，所以贺词的撰写一定要站在致辞人的角度，并适合致辞的场合。比如，如果是校长在毕业典礼上致辞，那么贺词的内容应该包括对毕业生的祝福、对教师的感谢、对学校的展望等，语气应该亲切。如果是企业领导在年会上致辞，那么贺词的内容应该包括对员工的赞扬、对客户的感谢、对未来的规划等，语气应该自信、坚定。

庆典贺词按照致辞场合来分，可以分为开业庆典贺词、周年庆典贺词、结婚庆典贺词、节日庆典贺词等。

开业庆典贺词一般用于各种店铺的开业庆典，那么贺词的内容也要侧重于对店铺本身的介绍和对未来发展的展望。具体来说，可以简要概括一下店铺的特点以及所开展的业务，强调致辞人对于店铺发展的信心，对客户、员工和合作伙伴的感谢和祝愿。

周年庆典通常会在有历史沉淀的企业、单位、学校等地方举办。周年是很有纪念意义的，代表了一个组织一段时间的积累和成长，而整十年和整百年的纪念日会更加值得庆祝。周年庆的贺词应给人以庄重肃穆之感，可以总结经过这些年的发展取得了哪些重要的成就，表达致辞人厚重的展望和期待。

结婚庆典贺词一般被用来表达致辞人对新人的祝福，但致辞人身份不同，就要从不同的立场表达祝福。比如，介绍人的贺词要重点表达自己为能帮助两位新人牵线而感到荣幸，同时多多夸赞两位新人的优点，再表达自己的美好祝愿，给自己媒人的身份做一个完美的收尾；父母贺词的内容要侧重于介绍自己对新人的养育历程，表达不舍之情，并以过来人的身份给予新人一些经营婚姻的建议。

节日庆典贺词要注意烘托节日的氛围，比如春节贺词要表达对新的一年的期盼和祝福，劳动节贺词要表达对劳动人民的赞美和敬意，儿童节贺词要表达对孩子们成长的美好祝愿，中秋节贺词要表达对阖家团圆的向往，等等。

喜庆是贺词的基本特点，而且致辞人要通过发表贺词来加深宾主之间的友谊，所以贺词的措辞一定要体现致辞人的喜悦、热情，富有感染力的同时也要让听众感到愉悦和温暖。

本书选用经典范文为例，方便读者针对应用场景模仿使用，而范文后面的贺词佳句，更是能让读者有效和快速地抓住核心表达，直接拿来使用。另外，本书还辅以诙谐的漫画解读，让阅读变得更加轻松有趣。

CONTENTS
目　录

第三章 庆功庆典贺词

第四章 节日庆典贺词

第五章 结婚庆典贺词

第六章 家庭庆典贺词

第七章 校园庆典贺词

第一章

开业庆典贺词

开业庆典贺词万能模板

一、开场称呼

各位嘉宾，各位朋友

尊敬的各位领导、各位嘉宾，女士们、先生们

二、表达欢迎

大家好！今天是一个值得纪念的喜庆日子，我们在这里隆重庆祝________店开业。值此开业庆典之际，请允许我对在百忙之中参加本店开业仪式的各位嘉宾表示衷心的感谢！

（适用于各种店铺的开业庆典）

今天，我们汇聚在此，是为了庆祝一个共同的盛事，即________公司________分店的开业庆典剪彩仪式。在此，我代表________分店全体同仁，感谢公司各位领导的大力扶持和关爱，感谢远道而来参加典礼的公司各个部门的同事！谢谢！

（适用于公司分店的开业庆典）

今天，________品牌第________家连锁店经过几个月的精心策划和筹备，终于正式开业了。我谨代表连锁店全体员工向________品牌总公司表示最崇高的敬意，同时，对在店铺筹备期间给予我们关心、帮助和支持的社会各界朋友，表示衷心的感谢！

（适用于品牌加盟店的开业庆典）

三、介绍领导、嘉宾

我荣幸地向各位来宾介绍，今天来参加开业庆典暨剪彩仪式的领导和贵宾，他们是________。让我们用热烈的掌声，欢迎各位领导和嘉宾入场！

（适用于有重要领导和贵宾出席的开业庆典）

四、企业简介

________餐厅营业面积________多平方米，内部装潢考究，格调高雅。内部分为二层：一楼大厅既有散座，又有自助餐厅；二楼有包间和宴会厅，可举办喜庆宴会。本店菜品以________菜系为主，经过专业厨师改良，更适合大众口味，欢迎大家前来品尝。

（适用于餐饮店的开业庆典）

________公司是一家规模化生产、品牌化经营的________企业。公司始建于________年，自创建以来始终坚持________的经营方针和________的经营理念，努力打造________行业第一品牌。

（适用于公司分店的开业庆典）

________品牌创建于________年________月，是以________为主打产品，致力于价格平民化、品质标准化、管理现代化、品牌国际化的________连锁企业。________品牌已经先后在________等地区开办________家连锁店，________店是________品牌第________家连锁店，也是________地区的第________家店。

（适用于品牌加盟店的开业庆典）

五、企业愿景

今后，本店将为广大消费者提供一流的服务，希望大家今后经常光临，我们________店热情地期待您的到来！

（适用于各种店铺的开业庆典）

我们有理由相信，在总公司的关怀和领导下，在各界人士的支持和关心下，________分店将会创造辉煌的事业，拥有灿烂的明天！

（适用于公司分店的开业庆典）

连锁店开业之后，我们期待各位领导、各界朋友、四方来宾能给我们更多的支持、关心和理解，也希望本店能够成为________地区________行业的领跑者。

（适用于品牌加盟店的开业庆典）

六、表达祝愿

最后祝各位领导、各位嘉宾身体健康、事业兴旺！衷心祝愿________店开业大吉、生意兴隆！

谢谢大家！

餐饮店开业庆典贺词

“民以食为天”，每个人日常生活中都离不开吃。在餐饮店铺的开业庆典上致贺词时，可以向大家介绍一下店铺的基本情况，并着重宣传店铺的优点。做好宣传工作，才能获得更多的顾客。

范 文

活动：某饭店开业典礼

致辞人：饭店经理

各位来宾，各位朋友：

大家上午好！

在这春风送爽、春意盎然的日子里，________饭店在全体员工的努力和社会各界朋友的帮助和支持之下，终于隆重开业了。

在这里，首先允许我代表全体员工，对各位来宾的光临表示最诚挚的感谢和最热烈的欢迎！

我们这家饭店处在________路和________路的交会处，这里紧挨着商业街和写字楼，周边的住宅小区到我们饭店，走路只需要十几分钟，交通十分方便。

饭店营业面积有________平方米。我们特意聘请了知名设计师对店内进行装修，店内整体格调高雅，内部分为两层：一楼大厅宽敞明亮，可以同时容纳________人就餐：二楼既可以举办喜宴、生日宴，又有可供选择的大小包间。

本店主打经营____菜，主厨曾经在全国性厨师大赛中荣获金奖。各位可以在我们这里品尝到____菜中的各种经典菜品。________________等都是本店的招牌菜，保证可以满足大家挑剔的味蕾，让各位大快朵颐。

“有朋自远方来，不亦乐乎”，在这里，我们衷心地期待四方宾客多多光临本店，对本店的经营给予更多的指导。有了各位的支持，相信我们饭店一定会生意兴隆、财源广进。同时，我们会加强管理、规范运营，争取用更好的服务来回馈各位食客，努力将本店做成本市最优质的餐饮企业。

最后，预祝________饭店广聚天下客，一揽八方财！再次感谢各位来宾，祝大家身体健康！工作顺利！万事如意！

贺词佳句

负责人经典贺词

1. 感谢各位的光临和捧场，今后还望大家大力支持。
2. 顾客的满意是我们最大的追求，希望今天的各位来宾都会成为我们的回头客。
3. 我们将坚持以顾客为中心的服务宗旨，将________打造成________菜系的第一品牌。
4. 我们希望将这家餐馆做成百年老店。

来宾经典贺词

1. 开业兴隆财运旺，财源广进达四方。开店增喜增吉祥，万事如意更安康。
2. 祝迎得八方客，生得四季财，财源滚滚，大吉大利。
3. 愿日进斗金堆满屋，财源滚滚福禄来。
4. 星期一开业大吉，星期二万事如意，星期三开开心心，星期四鸿运当头，星期五和和睦睦，周末好运继续。
6. 喜迎贵店开业大吉，我们特来送上祝福，祝贵店生意兴兴旺旺，日子红红火火。
7. 欣闻饭店开业，特送来祝福，前有日进斗金，后有吉祥如意，愿贵店大展宏图，广聚财源。

3

药店、诊所开业庆典贺词

人生病了，就需要看病、买药，所以药店、诊所是人们离不开的地方。在药店或诊所的开业庆典上，致辞时需要表达对领导支持新店开张的感谢，还要介绍新店的特点和优势，与同行的不同之处，这样才能将顾客吸引过来。

范文

活动：某药店开业典礼

致辞人：药店经理

尊敬的各位领导、各位来宾，女士们、先生们，朋友们：

大家好！

经过精心周密地筹备，在各级领导的关心、帮助和各位同仁的支持下，________药店终于在今天开业运营。值此开业庆典之际，我谨代表________药店全体员工对各部门领导、各位药业同仁、社会各界人士表示热烈的欢迎和由衷的感谢！

在药店筹备期间，医药主管部门的领导给了我们很大的关注和支持，工商、税务、审计以及医药公司的同仁、社会各界都给了我们大力的帮助。为了让药店能够早日运营，________的员工夜以继日地完成了计算机网络管理系统的设计和配送仓库的组建工作，终于实现和达到了准确结算、高效管理、降低成本的科学管理。

________药店已经通过了市药监局的严格验收，而且我们的经营类别齐全，经营范围广泛，包括中成药、西药、保健品、医疗器械等。

我们在此郑重向消费者做出六个承诺：第一，坚决不出售假冒伪劣药品；第二，严格执行国家药品价格政策；第三，提供专家坐堂咨询服务；第四，向残疾人、老人和儿童提供免费的便民服务；第五，购买中药，免费切片；第六，定期开展免费的检查服务。

在开业之初，我们药店的各种设施可能还不完善，服务措施和服务质量还有待提高，因此希望卫生部门能够给予我们监督、指导，希望政府各部门领导继续给予我们支持和关注，也希望能得到社会大众的帮助和认同。

我们致力于把________药店打造成本市最具影响力、规模最大的医药零售企业，为老百姓提供更好的医药服务。

最后，再次感谢各位领导和嘉宾在百忙之中莅临现场，衷心祝愿________药店的业务在未来持续发展、不断壮大！

贺词佳句

负责人经典贺词

1. 希望各位顾客能在本店购买到好药，早日养好身体，每天快快乐乐！
2. “但愿天下无人病，不怕架上药生尘”，________大药房祝大家四季平安、幸福安康！
3. 身体健康是人生中最大的财富，有健康才有快乐！我们竭诚为您永葆健康！
4. 我们会以满腔热忱办好诊所，关怀患者，关爱百姓，把健康事业做好、做大、做强！
5. 希望我们精湛的医术能为各位患者缓解病痛，助各位患者重拾健康和活力。

来宾经典贺词

1. 喜闻药店开张大吉，特送来开业祝福，祝生意越做越大！
2. 祝贵店繁荣昌盛，商业与社会责任并重，成为真正意义上的良心药店。
3. 祝愿贵店能够取得辉煌的成就，在医药领域树立良好的口碑和形象。
4. 祝贵诊所能够为患者带来健康和希望，成为他们健康之路上的指路明灯。
5. 祝贵诊所在医疗领域独领风骚，成为行业内的佼佼者和领军者。

服装店开业庆典贺词

服装是人们离不开的商品，服装店在日常生活中也很常见。作为服装店的负责人，在服装店开业庆典上致辞时，要表现出自身的诚意和热情，以及对优质产品、优良服务的追求。

范 文

活动：某服装店开业典礼

致辞人：服装店经理

各位领导，各位来宾：

你们好！金秋十月，硕果飘香，在这金色的秋天里，________品牌服饰店在今天隆重开业了。我首先代表本店全体员工对大家的到来表示热烈的欢迎和诚挚的感谢。感谢各位对我们一如既往的支持、重视和关爱。

________品牌服饰店由________公司创立。________公司多年来深耕女装市场，成为多家著名女装品牌代理商。公司一直以顾客需求为导向，以质量第一作为企业的生命线。现在，为了更多地拓展公司的业务，特意成立品牌服饰店。本店将以零售和批发为主，更好地服务于群众，满足群众在服装方面更多、更新的需求。

依托于公司现有的经营规模和资金实力带来的强大支持，本店所售服饰都是直接从厂家进货，因此价格上相对其他同类店铺较具优势，质量上能够获得保证，产品上可以做到品类齐全。本店自有库房，可以保证货品充足，解决顾客的后顾之忧。另外，本店所有销售人员都经过专业培训，将给各位顾客提供优质的服务。

本店主要以销售国产和进口品牌女装为主，包括各类上衣、裤装、裙装、外套、羽绒服等，另外还有鞋帽、箱包、围巾、首饰等，欢迎各位顾客前来选购。

我们将以一流的产品、一流的服务为宗旨，秉承严格的质量保证，为本市女装行业的发展做出更大的贡献。

借此开业之际，让我们共同祝愿________品牌服饰店开业大吉，并且祝愿________公司财源广进、事业兴旺！感谢各位嘉宾的到来，祝愿各位万事如意、前程似锦！

谢谢大家！

贺词佳句

负责人经典贺词

1. 时尚精品汇集，开业惊喜不断，________服装店带您领略多彩的时尚魅力！
2. 无论您是寻找舒适的日常穿搭，还是想尝试更加独特的风格，我们都有适合您的款式。
3. 我们的服装店拥有最新潮和最具品质的服装，祝大家在这里买到自己喜欢的衣服。
4. 独一无二的风格，为您展现绝美之姿。________服装店隆重开业，邀您畅享购物狂欢。
5. 拒绝跟随别人的脚步，独立思考，走出一条自己的时尚之路，这就是________服装店一直以来的追求。

来宾经典贺词

1. 热烈庆祝________服装店盛大开业！希望这里成为美丽时尚之家。
2. 祝贺贵店开业大吉，愿贵店充满活力和欢乐，让每一个人在贵店内找到属于自己的时尚风格。
3. 凭借精湛的设计和专业的服务，________服装店必将创造出属于自己的辉煌。
4. 希望贵店能够在未来闪耀着光芒，获得越来越多的支持和认可。
5. 祝愿贵店在激烈的市场竞争中，能够打造出属于自己的品牌，并在行业中持续发展壮大。

5

公司分店开业庆典贺词

总公司在发展壮大后，建立分公司或成立新店是值得庆贺的事情。在开业庆典上，致辞人要对公司的业务进行介绍，让来宾加深对公司的了解，展现公司的实力，鼓舞员工的士气。

范 文

活动：某集团销售分公司开业典礼

致辞人：分公司经理

尊敬的总公司领导，各位合作伙伴、各位来宾：

大家上午好！今天是一个值得纪念的日子，我们在这里隆重集会，共同庆祝________集团________销售分公司正式开业。感谢大家在百忙之中抽空参加分公司的开业庆典活动。对你们的到来，我代表分公司全体员工表示热烈的欢迎！

在这里，我首先要感谢总公司的________总经理给予我们的关心和指导，也感谢总公司其他领导给予我们的无私帮助，特别要感谢各位经销商的大力支持，还要感谢战斗在一线市场的各位员工，你们辛苦了！

________集团创办于________年________月，深耕________领域多年，是一家集研发、生产、销售为一体的多元化实业总公司，拥有多家配套合作公司。集团公司生产的________等系列产品，近些年来在国内的销量一直呈增长趋势。集团公司注册的商标“________”荣获“中国驰名商标”的称号，是消费者的首选品牌。

为了实现品牌的推广目标和产品的销售目标，集团公司决定全面展开战略升级，进军南方市场。在________创建分公司，是为了更好地开拓和服务于南方各省市的客户，确保公司产品在南方市场上的优势地位，同时能够快捷地做好售前、售中和售后服务，最终提高产品在全国性市场的占有率。

分公司将全面贯彻集团的经营理念，遵守国家相关法律及总公司相关制度，全力开拓南方市场，并将提供完善的售后保障，确保一线经销商没有后顾之忧。

分公司全体同仁将携手共进，用心血和汗水浇灌新生的________分公司，将公司产业做得更大、更强！

最后，祝愿分公司开业大吉，祝愿大家事业有成！

谢谢大家！

贺词佳句

负责人经典贺词

1. 我们满怀豪情、任重道远，今后将勇于创新、开拓进取，创造更为广阔的发展空间。
2. 分公司的开启代表着我们迎来了新的机遇和挑战，我们要让________品牌走进千家万户。
3. 我们________分公司愿意紧紧抓住这次机遇，和总公司共同创造更加美好的明天！
4. 新店的成立，标志着二次创业的开始。我们将以更高的目标要求自己。
5. 征程从今天开始，未来靠我们努力。愿大家一起奋斗，共享明日辉煌！

来宾经典贺词

1. 衷心希望________公司合法经营、诚实守信，将优质的商品带给各位客户。
2. 预祝________公司开业鸿发，开张大吉！
3. 恭贺新店开张，祝事业有大成，生意更长久，好运如春浓，财源似水来！
4. 祝团队成功组建，公司良好运营，员工和谐共进，事业步步高升！
5. 新店开业好彩头，紫气东升迎吉祥，一帆风顺富贵长，八面财源滚滚来！

6

品牌加盟店开业庆典贺词

加盟商业品牌，就是开设品牌加盟店。在品牌加盟店开业庆典上，最重要的是将品牌背景详细介绍给大家，让大家加深了解，然后要感谢品牌总部的支持和帮助。

范文

活动：某美容院加盟店开业典礼

致辞人：加盟店店长

尊敬的各位来宾，各位朋友：

大家好！我是________美容院________店的店长。我首先代表本店全体员工，向各位嘉宾和朋友们的到来表示最诚挚的谢意！

今天是________年________月________日，虽然只是一个普通的日子，但是对于我来说却是一个十分特殊的日子。因为在公司总部的关怀和帮助下，在全体伙伴们的努力下，经过________个月紧锣密鼓的筹备，________美容院________店终于正式启动，开张营业了。

看着眼前的美容院，我不禁回想起____年前。当时刚刚毕业的我，在偶然的情况下进入了美容行业，爱上了这个行业。这____年来，我克服过很多困难和挫折，在这个行业里不断地成长。如今，我终于拥有了自己的美容院。在这里，我要感谢我的老师、领导和同事们，感谢一路有你们相伴！

美容，是一个很有意义的职业，它可以让这个世界更美好；美容院，是一个创造美丽的地方，它可以让我们的容颜更动人。为了给更多的女性带来美丽、带来自信、带来健康，多年来________美容院的老板________女士一直带领着她的团队，不遗余力地开展各种美容项目和产品的研发工作，并且在国内诚邀各位有志之士加盟合作。________女士也是经过多年的摸爬滚打和艰苦创业，才一路走到了今天，我很佩服她，所以最终决定加盟。

能够加入________女士的团队，我倍感荣幸。今后，我将努力经营，让________这个品牌成为本地美容行业的领跑者，为总公司的事业发展做出更大的贡献，帮助更多的女性留住青春、留住美丽。

我相信，在总公司的支持和帮助下，在社会各界朋友的关注和信赖下，________美容院________店的前景会更加广阔。祝总公司生意兴隆，祝各位来宾事业顺意！

谢谢大家！

贺词佳句

加盟商经典贺词

1. 朋友们，让我们共同祝愿________品牌加盟店的明天更加美好、灿烂！
2. 在今后的经营中，我们将秉承一贯的经营理念，用一流的服务、良好的信誉，来服务大众，回报社会。
3. ________品牌________店愿意与总部一起致力于中国________市场的开拓以及________文化的传播，让________品牌成为中国________行业的代名词。
4. 本店是________品牌在________地区的第一家加盟店，我们将精心打造________地区________行业第一品牌！
5. 面对未来，我们的发展目标是：凭借总部多年的行业经验，加上全国________家加盟店的经验共享，将________品牌做大、做强。

总公司经典贺词

1. 希望________品牌________店能够立足本地，稳步发展，客源倍增，生意兴盛！
2. 我们坚信，________品牌未来的发展是辉煌的，是美好的，但是仍然离不开社会各界朋友一如既往的关心、支持和帮助。
3. ________品牌全体员工一定会继续发扬在激烈的市场竞争和行业挑战中永不懈怠的拼搏精神，努力打造________这一特色品牌。
4. 希望________品牌________店按照总部的经营模式，开拓进取，不断创新，为发展壮大________品牌做出应有的贡献。
5. ________品牌________店很好地复制了总部的经营理念和运作模式，相信会给广大客户带来物美价廉的产品和周到的服务。

①
李姐，听说你开了家女装店，恭喜发财啊！
××女装店
谢谢，欢迎你们随时过来。
②
我们肯定会来。只要你这家女装店开业，我们就都能像公主一样出门了。
哈哈，你们准备好变身了吗？
③
××商店
赵总，您又一家分店开张了，恭喜恭喜！
谢谢刘经理的祝福！
开业大吉
开业大吉
④
××商店
希望以后和您继续合作，共同发展。
那是当然的，咱们以后互相帮助，生意肯定会蒸蒸日上！
开业大吉

第二章

周年庆典贺词

1

周年庆典贺词万能模板

一、开场称呼

尊敬的各位领导、各位嘉宾

尊敬的各位领导、各位来宾，老师们、同学们

二、表达欢迎

大家好！又是一个丰收的季节，________公司迎来了________周年庆典！在这个喜庆的日子里，能同大家一起分享这份喜悦，我既激动，又感慨。首先，我带领公司全体员工，向关心和支持我们的各位领导、合作伙伴以及各界朋友们表示衷心的感谢！

（适用于公司的周年庆典）

风雨砥砺，岁月如歌。此刻我们怀着兴奋与喜悦的心情，共同庆祝________学校建校________周年。在这里，我谨代表________学校全体师生和教职员工，向各位领导、各位来宾的到来表示衷心的感谢和热烈的欢迎！

（适用于学校的周年庆典）

三、回顾历史

________年中，公司从无到有，不断发展壮大。从开业初期的艰辛、对发展方向的迷茫，到调整后的适应、管理制度的完善，________公司一路走

来，有悲欢离合，有是非成败，终于取得了如今的成就。

（适用于公司的周年庆典）

________年________月________日，________学校诞生了！________年来，学校始终担负着播撒真知、传承文明、树德育才、科教兴国的历史使命。如今，________学校已经从一株幼苗长成一棵参天大树。学校现已培养毕业生________人，为国家输送了大批高素质的优秀人才。

（适用于学校的周年庆典）

四、表达感谢

回首走过的________年征程，我感到特别骄傲与自豪。但是，更加让我感到骄傲和自豪的是公司的全体员工。是你们为公司奠定了基业，是你们为公司赢得了市场，是你们为公司带来了荣誉。你们是公司永远的财富！在此，我怀着感恩之心，真诚地向你们说一声：谢谢！

（适用于公司的周年庆典）

衷心感谢各级领导和社会各界朋友，学校的发展和腾飞承蒙你们的热情关爱和大力支持；衷心感谢学校的历届领导，是你们为学校的发展打下良好的基础；衷心感谢所有曾经在学校工作过的教职员工，是你们为学校的教育事业立下汗马功劳；衷心感谢学校现在的各位同仁，学校的发展壮大离不开你们的无私奉献。

（适用于学校的周年庆典）

五、展望未来发展

如今，________市场的竞争激烈，我们肩上担负的任务非常艰巨，但我坚信，只要大家齐心协力，朝着目标努力奋斗，________公司的发展仍然是一片光明，相信________公司的明天会更好！

（适用于公司的周年庆典）

雄关漫道真如铁，而今迈步从头越。我们深信，在各级领导和社会各界的关怀和支持下，在全体师生的努力下，________学校一定能够在________周年的新起点上展现新气象，开启新征程，取得新成绩！

（适用于学校的周年庆典）

六、表达祝愿

最后，祝愿________公司勇往直前，再创辉煌！祝大家万事如意、阖家幸福！

（适用于公司的周年庆典）

最后，再次对参加今天校庆的领导和来宾们表示感谢，让我们一同祝福________学校生日快乐，祝福________学校明天更美好！谢谢大家！

（适用于学校的周年庆典）

2

公司一周年庆典贺词

企业一周年的庆典需要好好庆祝一番。在庆典上致辞时，可以对企业成立之初的情况，还有过去一年的发展情况进行回顾，另外，还要宣布过去一年企业取得的成绩，为的是让参加庆典的人了解企业并对企业充满信心。

范文

活动：某公司一周年庆典

致辞人：公司总经理

尊敬的各位领导，朋友们：

大家上午好！今天是我们________有限公司成立一周年的日子。在政府、合作伙伴和各界朋友的支持与帮助下，________走过了一年的风雨历程，迎来了一周岁的生日，也开始了事业上的新征程。

在此，我谨代表________的全体同仁向一直关心________成长的各位领导，支持________发展的合作伙伴，帮助________进步的各界朋友，致以由衷的谢意！如果没有你们的支持和厚爱，________不会取得如今的成绩。正因为有了你们的鼓励和帮助，________才能够克服前进路上的困难，不断进步。

俗话说，万事开头难。回首过去的一年，件件大事小事我依然历历在目。请允许我对公司这一年来走过的历程和所取得的成绩，做一下简要的回顾与总结。________年，我和________先生开始创立________公司。创业之初，我们的启动资金并不宽裕。当时的工作环境十分简陋，设备简易、老旧，职工仅有几名，我们就是在这样的环境下开始创业。后来经过不断地发展，公司才有了现在的规模。

在发展中，公司经历了许多困难，但是在公司全体同仁的坚持下，我们挺了过来。公司现在已经稳步盈利，并且引进了先进的管理方式，逐步走向规范化。在提高技术和管理水平的基础上，产品质量问题也得到了很大的改善。

虽然建立的时间不长，但是________如今的成绩，大家有目共睹。公司已经成为________、________等公司的供应商，相信在未来公司在同行业的竞争力会稳步增强，知名度也会逐渐提高。

今后，我希望能和大家一起扎根在________，将________打造成一个知名企业，希望各位领导和合作伙伴能够继续支持我们，让________能够更加快速、稳定地发展。

最后，恭祝大家身体健康、万事如意！

谢谢大家！

贺词佳句

负责人经典贺词

1. 回望过去的一年，付出了汗水，付出了努力，收获了喜悦，收获了成功。

2. 向前走，是一片朗朗晴空；待来年，创一番辉煌业绩。愿我们一起奋斗，共同进步。

3. 过去一年，我们取得了一定的成绩；新的一年，我们要继续努力！加油！

4. ________今天一岁了，________的历史也将由此掀开新的篇章。

员工经典贺词

1. 新的一年到来，公司长一岁，我长一岁。我愿与公司共成长，祝愿公司业绩年年长！

2. 我愿意为________贡献自己全部的力量，希望大家共同携手为________腾飞撑起一片蓝天。

来宾经典贺词

1. 贵公司技术超前，质量优质，服务优良，堪称同行楷模。祝事业日新、硕果累累！

2. 过往一年，与贵司合作十分愉快，希望来年精诚合作，共同开创事业的艳阳天！

3. 愿与贵公司携手共进，创新发展，再创辉煌！一路有你，前途无限！

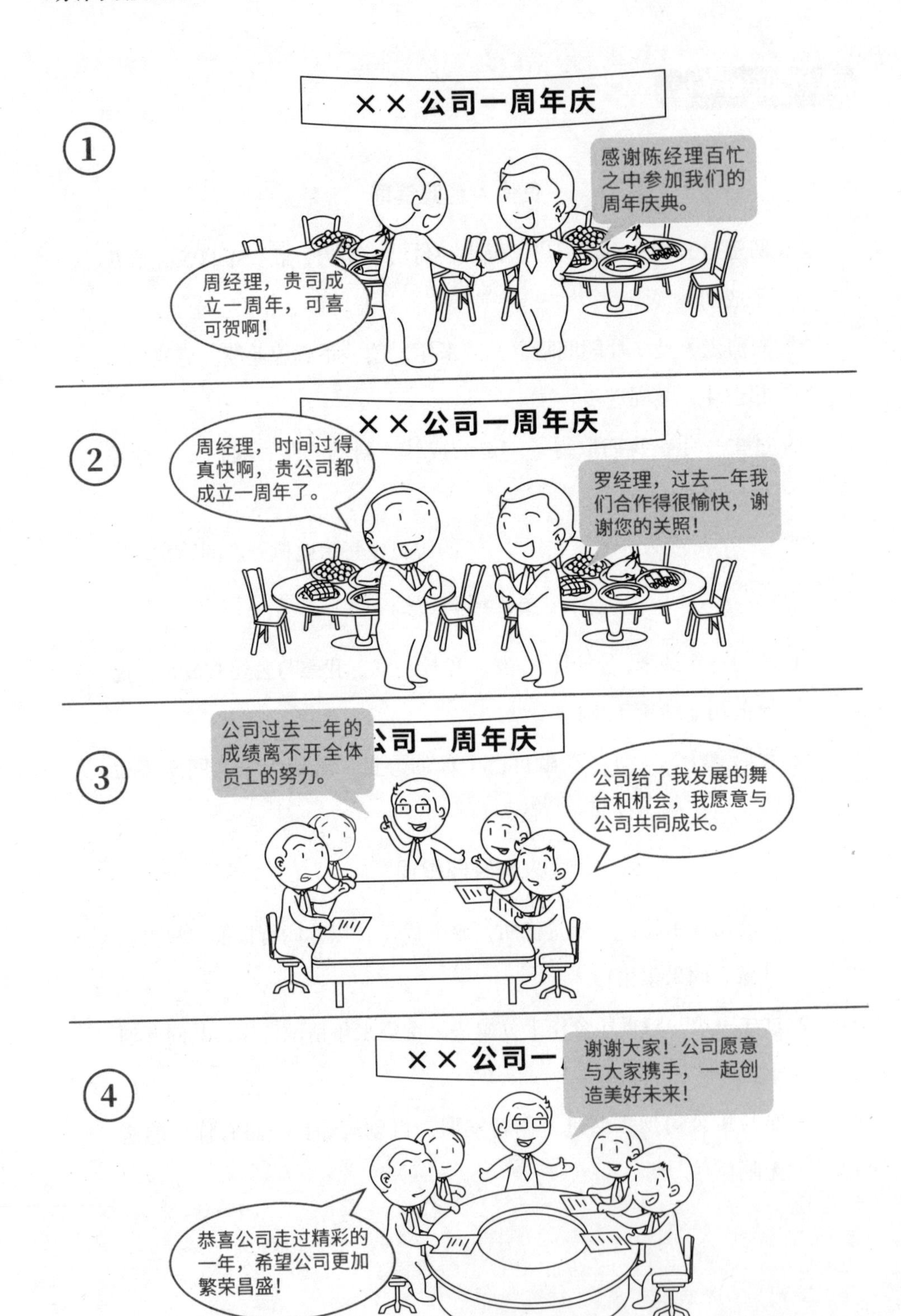
××公司一周年庆
①
感谢陈经理百忙之中参加我们的周年庆典。
周经理，贵司成立一周年，可喜可贺啊！
××公司一周年庆
②
周经理，时间过得真快啊，贵公司都成立一周年了。
罗经理，过去一年我们合作得很愉快，谢谢您的关照！
公司一周年庆
③
公司过去一年的成绩离不开全体员工的努力。
公司给了我发展的舞台和机会，我愿意与公司共同成长。
××公司一
④
谢谢大家！公司愿意与大家携手，一起创造美好未来！
恭喜公司走过精彩的一年，希望公司更加繁荣昌盛！

3

商场十周年庆典贺词

对一个企业来说，十年的时间并不短。能够举行十周年庆典，说明公司已经顺利生存了下来，而且还创造了不错的业绩，甚至取得了一定的地位。在十周年庆典上致辞时，可以将这几方面的情况向嘉宾进行介绍。

范 文

活动：某百货商场十周年庆典

致辞人：商场总经理

尊敬的各位领导、各位嘉宾：

大家上午好！

在这锣鼓喧天、喜庆吉祥的美好日子里，我们怀着无比激动和喜悦的心情，欢聚在一起，共同庆贺________百货成立十周年。

________百货自从________年成立以来，秉承着“________”的经营理念，始终在创新中求突破，在突破中求发展。这十年来，我们不断地调整商品结构和业态布局，力争让商品品种更加丰富，使业态布局更加合理。

我们相继引进了________、________、________、________等口碑良好、深受百姓欢迎的国际国内知名品牌，满足广大顾客的消费需求。我们注重员工的服务质量，对在职员工进行系统专业的培训，员工的服务意识和商场的服务水平有了很大的提升。

回首过去的十年，________也曾经历过坎坷，比如资金周转困难、经营理念落后等，这些都曾经让公司陷入过危机。不过，我们从来没有放弃，而是认真地分析、解决问题，紧跟时代脚步，与时俱进，最终化危机为转机，在激烈的竞争中存活下来。经过十年的奋斗，________百货已经成为________地区深受消费者喜爱的一站式时尚购物中心，为________地区的商业发展做出了应有的贡献。

这一路，我们每一步都走得谨慎小心。幸运的是，我们有各级领导、合作商、消费者、员工和各界朋友的理解、信任、帮助、厚爱，这才有了________百货如今的光辉业绩。未来，我们将继续与合作商通力合作，与员工共同成长，努力为顾客提供更好的商品和服务。

最后，我代表________百货全体员工，对各位领导、合作商、顾客和光临现场的各位朋友，致以最崇高的敬意和最衷心的感谢。恭祝大家身体健康、万事如意！

谢谢大家！

贺词佳句

负责人经典贺词

1. 正是因为有大家对我们的支持和帮助，才有了________的今天。我们希望________有无数的十周年！
2. 十年历练，十年腾飞，十载风雨同舟路，今朝再谱新篇章。
3. 十年前，________破土而出；十年后，________仍然生机盎然。新的梦想，踌躇满志，重任在肩。
4. 风雨十载，而今迈步从头越；展望未来，协力再创新佳绩。

员工经典贺词

1. 我深信，________在未来的十年里，将会取得更大的成就，创造更多的业绩。________的明天会更好！
2. 十年辛苦，十年成长，十年辛勤努力，必将化作一路芬芳。

来宾经典贺词

1. 十载春秋，风华正茂；十年耕耘，硕果累累；十年成长，铸造品牌。愿大展宏图，再创辉煌！
2. 再接再厉，锐意进取，开拓创新，取得更好的成绩！
3. 恭祝明天的________更加辉煌，在新的征途中再接再厉！愿贵公司傲立商海，蒸蒸日上！

4

十年校庆贺词

校庆典礼上，也可能会有老师代表上台发言。老师发言时，可以讲述自己亲身经历的学校变化，自己在学校的工作经历，等等，同时要感谢学校给自己提供了实现自身价值的机会。

范 文

活动：某小学十年校庆典礼

致辞人：小学老师

尊敬的各位领导、各位来宾，老师们、同学们：

大家好！在这个特殊的日子里，能够作为教师代表上台讲话，我感到既忐忑又荣幸。我谨代表________小学全体教职员工，向各位领导、各位来宾的光临表示热烈的欢迎和深深的敬意！

作为一名和________小学一起成长起来的教师，我亲身经历了________小学在十年奋斗历程中一次次发展的艰辛，也分享了________小学在十年奋斗历程中一次次成功的喜悦。

十年间，我见证了我校从________个班级增加到________班级，由________名师生增加到________名师生；十年间，我见证了我校由一幢教学楼发展为如今设施完善、规模宏大的现代化校园，见证了我校所取得的大大小小的荣誉。

小树的成长离不开阳光、空气和雨露。我校的成长离不开上级领导的关怀与呵护，离不开社会各界爱心人士的鼎力支持。是大家的帮助和支持，让________小学的各项事业坎坷变坦途。如今，________小学已经连续________年被评为________单位，在________年被授予“________”称号。十年间，从我校毕业的学生中有近______人被重点中学录取，其中有________人以优异的成绩考入________大学、________大学等重点高校。

昔日的荒郊野地，今天的教育殿堂，风雨十载沧桑，依旧书声琅琅。抚今追昔，我们都为________小学的辉煌历史而自豪。在这里工作越久，我们越能感受到这里是教师迅速成长的摇篮，是追求理想的起点，是展示才华的舞台。在________小学，我们的明天会更精彩！

我坚信，在各级领导和社会各界人士的支持下，________小学的教育事业必将迎来更大的发展，成为在全市、全省乃至全国闻名的示范名校。

最后，祝愿各位领导、来宾、老师身体健康，祝愿同学们学习进步，祝愿________小学生日快乐、桃李芬芳！

谢谢大家！

贺词佳句

老师经典贺词

1. 回首________学校的光辉岁月，我们深深地为她感到自豪；展望________学校的光明前景，我们欢欣鼓舞、信心满怀！
2. 我们将继续秉承自强不息、争创一流的精神，借十年校庆的强劲东风，在教育事业的碧海上，乘风破浪，扬帆远航！
3. 校庆是里程碑、誓师会，让我们全体师生在校领导的带领下，手牵手，肩并肩，向着更新、更美、更辉煌的明天迈进！
4. 昨天，我们缔造辉煌；今天，我们称彼兕觥；明天，我们放飞希望！
5. 往昔峥嵘岁月，何其匆匆；未来岁月峥嵘，何其漫漫。十年辉煌，继往开来，再创佳绩！

学生经典贺词

1. 忆往昔，桃李不言，自有风雨话沧桑；看今朝，厚德载物，更续辉煌誉五洲。祝愿学校继往开来，续写绚丽篇章！
2. 十载风雨兼程，十年青春如歌，祝福学校十年华诞，生日快乐！
3. 十年，是一个时代的结束，更是一个崭新的开始。祝福你，________学校，祝愿你永远昌盛！
4. 辛勤园丁挥洒十年汗水，莘莘学子必将展翅高飞；优美校园铸就十年辉煌，崭新校园再耀无限光辉。
5. 值此十周年之际，衷心祝愿学校生日快乐，未来宏图大展，桃李满天下，再创伟业！

5

社团三周年庆典贺词

社会团体是由有共同爱好的人，为一定目的而组成的社会组织。在社团组织的周年庆典上，可以介绍一下社团的由来、发展情况、取得的成果和成绩，让成员们感到自豪，让与会来宾更加了解社团。

范文

活动：某公益协会三周年庆典

致辞人：协会会长

各位领导，各位来宾，各位协会成员：

大家好！春风和煦，繁花盛开，非常高兴能够和大家在这里集会，共同庆祝________市________公益协会成立三周年。在这个喜庆日子，我谨代表________公益协会向出席今天三周年庆典活动的各位领导、嘉宾和协会成员表示最诚挚的谢意！

________公益协会是一个活跃在________市的社会团体，自成立以来，它热心社会公益事业，富有高度的社会责任感。如今协会已经走过了三年的历程。这三年来，我们协会的队伍不断发展壮大，组织日益完善，协会的社会地位和知名度、美誉度也得到了很大的提高。

回顾过去三年中协会的发展历程，作为会长的我，既有感慨，也有收获。我首先要感谢各级领导对于协会的关爱和帮助，感谢大家对协会的大力支持，尤其感谢大家信任并推举我担任会长。我要向这三年来给予我理解和信任的广大协会成员，致以诚恳的感谢！

三年来，我们同舟共济，为协会的发展壮大付出了很多心血。今天的________公益协会已经拥有近____成员，并且有了自己的网站，制度健全、管理有序。协会最近组织的针对__________等活动，取得了丰硕的成果，得到了各级部门、社会各界和广大群众的表彰和充分肯定。

爱心公益活动，既是“助人”，也是“自助”；既是“乐人”，也是“乐己”。今后，我们将继续奉行“____________”的原则，审慎了解帮助和救助对象，全力汇聚民间爱心力量。

________公益协会任重而道远，让我们一起努力，为________市的公益事业贡献最大的力量。祝福我们的________公益协会，祝福我们共同的明天。

谢谢大家！

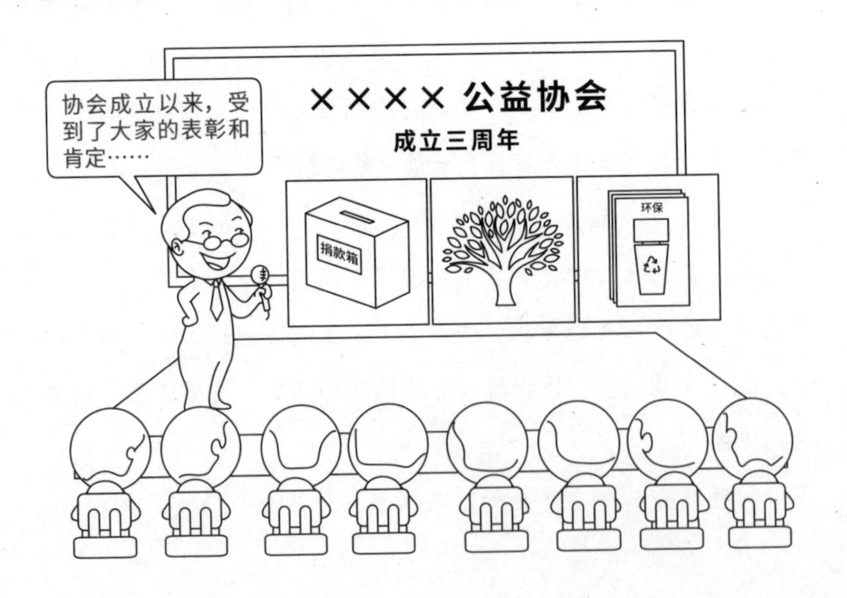

贺词佳句

负责人经典贺词

1. 社团周年庆，是我们成长的见证。让我们一起庆祝这个特别的日子，为社团的未来努力！
2. 众人拾柴火焰高，感谢大家的辛勤付出和努力，让我们的社团在________年时间里不断发展壮大。
3. 期待大家在今后一如既往地支持和维护________，共同迎接光辉的明天！
4. 希望大家能够手牵手、肩并肩，一起向前走，开创一片新的天地。

社团成员经典贺词

1. 我为自己是一名________的成员感到骄傲和自豪！________加油！
2. ______年风雨，我们见证了________的成长历程，祝________明天更辉煌！
3. 大家因________而结缘，因结缘成为一家。让我们携起手来，让我们的家更美好、更繁荣！

来宾经典贺词

1. ________年前，________诞生；________年后，________取得了辉煌的成就。祝________的________周年庆典圆满成功！
2. 衷心祝愿________更加发展壮大，继续谱写新的篇章。恭祝________周年生日快乐！
3. ________年是个终点，更是一个起点。总结过去的辉煌，开启下一个________年的精彩，愿________越办越好！

6

酒店五周年庆典贺词

在酒店的周年庆典上发言，可以对酒店从创立到如今的发展进行总结回顾，此外，还可以反省酒店在经营和管理中存在的不足之处，号召员工们继续努力，争取在经营管理上实现新的突破。

范 文

活动：某酒店五周年庆典

致辞人：酒店总经理

尊敬的各位领导，女士们、先生们，朋友们：

光阴荏苒，岁月如梭。转眼间________大酒店迎来了她五周岁的生日。在此，我谨代表________大酒店向多年来关心、扶持酒店成长的各级领导致以崇高的敬意！向为________大酒店提供过帮助的社会各界朋友表示诚挚的谢意！同时，我还要向为酒店的发展付出辛勤汗水的全体员工表示亲切的问候！

五年来，________大酒店从无到有，不断发展壮大。从起步到如今，________大酒店曾经遇到过资金短缺、客源稀少、员工流失等各种难题。幸而在各级政府有关部门的支持下，在各界同仁朋友们的帮助下，我们克服了发展道路上的一个又一个困难。

五年来，________大酒店不断引进优良的设施设备，提升员工素质，提高服务质量，在不断深化改革、锐意进取中赢得了顾客的一致好评和同行的高度认可。成绩和荣誉属于过去，________大酒店将掀开新的一页，踏上新的征途。

站在新的起点上，我们需要承认和正视：我们的酒店仍然有很多不足之处，需要进一步去完善；有很多同行业的先进经验值得我们去借鉴；还有许多新的东西需要虚心去学习。我们没有任何理由骄傲自满，故步自封。我希望全体员工在接下来的工作中，牢固树立强烈的忧患意识和创新意识，规范管理，创新经营，再创佳绩！

展望未来，酒店全体员工将继续团结拼搏、不怕困难。我们将顺应市场发展的大潮，紧紧抓住竞争的良机，进一步发扬“________”的企业精神，不断提升________品牌的美誉度。

再次向五年来给予酒店关心、支持、呵护的领导、朋友和员工们表示深深的感谢！

谢谢大家！

贺词佳句

负责人经典贺词

1. ________年风雨身后事，策马扬鞭向前看。展望未来，我们坚信，有社会各界新老顾客朋友的关爱，________酒店一定会更加壮大。
2. ________酒店将以“________”为要求，秉承“________”的宗旨，打造更具影响力的酒店品牌。
3. 今后，我们将面临的形势更加严峻，但同时，挑战与机遇并存。我坚信，________酒店的明天一定会更加辉煌！
4. 今天红日高照、瑞气盈门，我们恭贺________酒店成立______周年，同时也迎来了________酒店第二个创业的春天。
5. 在这激动人心的时刻，让我们共同祝愿________酒店今天这个平凡而有意义的日子，同时祝愿________酒店的明天更加辉煌。

来宾经典贺词

1. 我相信，________酒店的全体员工一定能够发挥优势，巩固特色，打造品牌，创优服务，以周到优质的服务吸引更多的顾客。
2. ________酒店的________年，是百年发展的新起点，说明酒店壮大了，而且预示着酒店还会有更好的发展。
3. 祝________酒店的全体员工进一步打造魅力________，使酒店成为________地区一张靓丽的名片，成为游客向往的家园！
4. 祝________酒店周年大吉，吉祥如意，财源广进，生意兴隆，天天客满！
5. 热烈祝贺________酒店________年吉庆！我非常期盼贵酒店的________周年、________周年庆典，到那个时候，我一定会再来！

第三章

庆功庆典贺词

1

庆功庆典贺词万能模板

一、开场称呼

各位老师，同学们

亲爱的各位员工，各位朋友们

二、表达祝贺

大家好！今天我们在这里隆重举行________大赛颁奖活动。在此，我谨代表学校和全体老师，向这次活动的组织者和参与者表示衷心的感谢！向所有获奖的学生表示热烈的祝贺！

（适用于学校比赛的表彰会）

今天，我们隆重召开一年一度的各项工作总结表彰会。首先，我代表公司向荣获表彰的各位员工表示热烈的祝贺！同时，借此机会，我还要代表公司，郑重地向默默无闻地奋战在一线，在各自岗位上辛勤工作的全体员工和管理人员，表示衷心的感谢和亲切的慰问！

（适用于公司的表彰会）

三、介绍比赛

为了响应国家________的号召，我们学校决定举办________大赛。通过这次大赛，同学们既可以锻炼________的能力，又可以展示自己的才华。所以，我们学校非常重视这次活动，在组织和措施上确保了这次大赛的成功举办。

（适用于学校比赛的表彰会）

四、宣布获奖者

这次的比赛，得到了广大同学的踊跃参与，最终共有________名同学分别获得这次________大赛的一、二、三等奖。我宣布获得一等奖的是________，获得二等奖的是________，获得三等奖的是________。在此，让我们将热烈的掌声送给全体获奖的同学！

（适用于学校比赛的表彰会）

在过去的________年，公司面临着外部市场的激烈竞争，内部技术的攻关问题，但是全体员工仍然坚持着我们的理想和信念，用坚强的毅力和不怕苦、不服输的工作作风，取得了不错的业绩。在这个过程中，公司涌现出许多优秀的员工。在此，我宣布，________年度公司的优秀员工是________。让我们一起鼓掌，祝贺这些同志！

（适用于公司的表彰会）

五、展望未来发展

________年，我们公司的各项任务会更加繁重，但是我们公司的整体实力将得到进一步的提升。公司希望明年的总产值能够突破________元大关，到那时，公司的业绩一定能够再上一个更大的台阶。

（适用于公司的表彰会）

六、表达鼓励

我们学校秉承“________”的办学思想，倡导“________”的办学宗旨，一直致力于培养学生的________能力。比赛虽然已经落下帷幕，但是________的活动才刚刚开始。希望同学们能够借这次大赛的机会，积极参与到________活动中来，认真学习，发奋读书，学好本领，用更优异的成绩回报国家、回报社会、回报父母。谢谢大家！

（适用于学校比赛的表彰会）

为了实现这个目标，公司希望各位员工能够向今天的优秀员工学习，在新的一年里继续迎难而上、开拓进取、振奋精神、再接再厉，落实并执行好公司提出的各项任务和目标，取得更新、更大的成功。让我们一起加油！谢谢大家！

（适用于公司的表彰会）

2

庆祝比赛获奖贺词

在比赛中获奖，是一件值得高兴和庆贺的事情。无论是学生获奖，还是员工获奖，在表彰会上致辞时，除了要向获奖者表示祝贺之外，还要对其他学生或员工进行鼓励，让大家以获奖者为榜样，不断努力。

范 文

活动：某中学学生比赛获奖表彰会

致辞人：校长

各位老师，同学们：

大家好！

最近我校________年级的________同学，在参加全市举办的中学生科技创新大赛中获得了一等奖的好成绩。我在这里代表全校师生向________同学表示热烈的祝贺！

科技创新是推动社会发展的巨大动力。中学生作为未来社会的接班人，科技创新能力的培养尤为重要。市教育局为了鼓励中学生积极参与科研活动，培养中学生的科学思维和创新精神，特意在全市举办了中学生科技创新大赛。这次大赛的目的，就是给中学生提供一个自由展示科技创新成果的平台。参与大赛的中学生可以拓宽知识领域，锻炼科学实践能力，培养创新思维和团队合作意识。

“科技是第一生产力，人才是第一资源，创新是第一动力”，我们学校为了贯彻国家“科教兴国”的战略，已经将科技创新能力的培养融入日常的教学过程中。学校不仅增设了相关的课程，而且鼓励同学们积极参加各项科研课题的研究。这次________同学就是选择自己感兴趣并擅长的________项目，并确定了研究方向。在研究过程中，他结合实际问题，设计并进行了调查和实验，最终得出了研究成果和创新点。

学校希望，通过________同学这次的获奖，带动全校学生积极参与到科技创新的潮流中来，提高自身的科学素养，增强自身的创新意识和创新能力，努力成长为一名科技人才，为科技的不断进步和社会的发展做出积极的贡献。

科技兴则民族兴，教育强则国家强。衷心期望同学们能够以这次比赛为契机，激发自己的创新热情，积极参与科技创新活动和比赛，成为科技创新的主力军！

谢谢大家！

贺词佳句

学校庆祝获奖

校长经典贺词：

1.________同学能够获奖，既是自身智慧和努力的结晶，也是学校重视________的结果。

2.________同学取得的优异成绩，不仅是个人的光荣，也是学校的光荣。

同学经典贺词：

1. 从这次比赛结果来看，我们班真的是人才济济、卧虎藏龙，我为此感到骄傲。

2. 掌声献给________同学，你真是我们学习的榜样！

单位庆祝获奖

领导经典贺词：

1. 得知________同志荣获________，我们激动万分。在此，公司和全体员工向你表示衷心的祝贺！

2. 希望________同志今后勇攀新的高峰，再创新的辉煌！

同事经典贺词：

1. 恭喜________同志在比赛中夺冠，希望今后再接再厉，加油！

2. 作为同事，看到________同志获得好成绩，我感到与有荣焉。祝今后取得更好的成绩！

3

庆祝获得荣誉贺词

无论是个人还是集体获得荣誉，在表彰会上，都要向大家阐述他们获得荣誉的原因，如果有必要的话，还可以详细地讲述他们的事迹。这样既是对获得荣誉者的肯定，又可以激励大家向他们学习。

范　文

活动：某公司优秀员工表彰会

致辞人：公司总经理

亲爱的员工们：

大家好！

_______年是_______公司发展壮大的关键一年，这一年中涌现出来许多优秀员工和优秀管理人员，他们给公司创造了一个又一个喜人的成绩。今天，我们怀着兴奋的心情，相聚在这里，隆重地举行_______公司_______年度优秀员工表彰大会。在此，我谨代表公司对荣获表彰的员工们表示热烈的祝贺和深深的敬意！

回顾_______年，我们既有艰辛和汗水，也有收获和喜悦。正是由于在座的各位员工付出辛勤劳动，洒下滴滴汗水，与公司同甘苦、共患难，公司才取得如今良好的业绩，同时在各个岗位上也涌现出了一批优秀员工。

我宣布，获得________公司________年度“优秀员工”称号的有：生产部________，销售部________，技术部________，财务部________。获得________公司________年度“优秀管理人员”称号的有：生产部________，技术部________，采购部________。让我们以热烈的掌声向荣获表彰者表示衷心的祝贺！

杰出的团队，离不开优秀的个人。这些优秀的员工在幕后勤勤恳恳、兢兢业业地奉献，他们对待工作认真负责，任劳任怨，从不计较个人得失，让我非常感动。而这些优秀的管理人员勇于承担重任，带领团队取得了突出的成绩，同样让我非常钦佩。

公司的发展离不开每一名员工的努力，在座的员工在工作中都有忘我的精神，我也同样感谢你们。我衷心地希望大家能够时刻以公司的兴衰为己任，与企业共同发展。我相信，我也坚信，只要大家群策群力，________公司就能够在竞争激烈的市场环境中不断发展下去，并且在业绩上更上一层楼！

________年将是公司迈进新征程的一年，让我们为了明年更好的成绩而鼓掌加油！

谢谢大家！

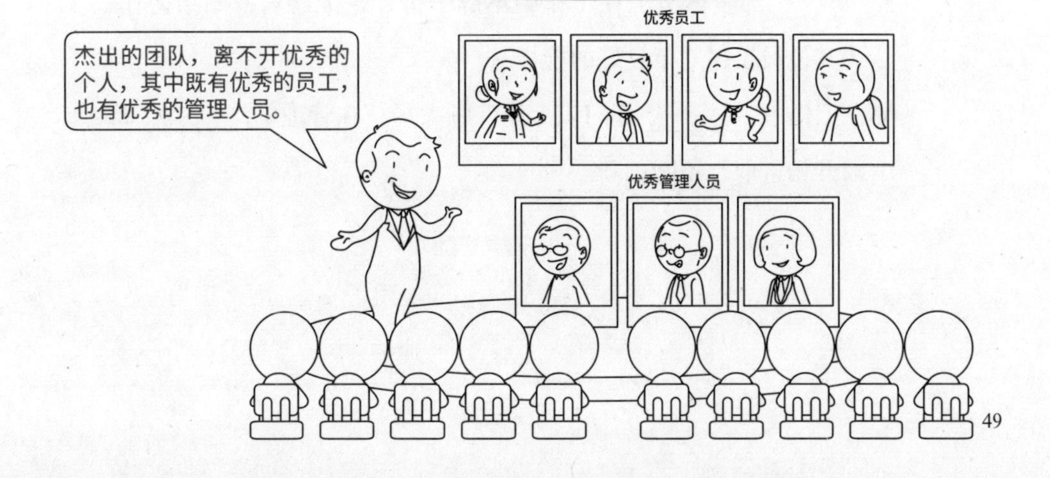

贺词佳句

学校庆祝获得荣誉

校长经典贺词：

1. 挫折中，你永不言败；困难中，你永不服输。愿你在人生的道路上一路高歌，一路进取！
2. 不积跬步无以至千里，不积小流无以成江海。愿你坚持不懈，用勤奋谱写壮丽的诗篇！
3. ________年级________班是一个奋发向上、团结友爱的班级，希望你们再接再厉，芝麻开花节节高！
4. 有一种优秀是集体共进，有一种骄傲是集体荣光，让我们一起向________年级________班学习！

单位庆祝获得荣誉

领导经典贺词：

1. 宝剑锋从磨砺出，梅花香自苦寒来。________多年来一直工作严谨，一丝不苟，技术过硬。
2. 作为员工，他兢兢业业，任劳任怨；作为组长，他身先士卒，以身作则。
3. ________部全体员工在工作中不辞辛劳，毫无怨言，团结协作，为其他员工树立了良好的榜样。
4. 在工作中，________部门识大体，顾大局；在管理中，________部门开拓进取，不断创新。

①
祝贺程同学拿到比赛一等奖，希望你再创佳绩！
感谢学校对我的支持和鼓励。能拿到这个奖，我感觉无比荣幸。
②
这次作文大赛你得了冠军，我们都为你高兴。
谢谢大家的祝福。这个奖项对我来说意义很重大。
③
小孙，恭喜你获得“优秀员工”的称号。
我能拿这个奖，离不开领导的支持。多谢领导！
④
小孙，这回“优秀员工”是你。这可真是实至名归啊！
谢谢！别夸别夸，再夸我就“飘”了。

4

庆祝公司取得成绩贺词

公司完成既定目标，取得成绩，通常都会举行庆功会。举行庆功会的目的，不仅是庆祝，还有鼓励员工继续努力。将公司的成就和重要事项的进展告诉员工，可以增强员工对公司的信心。

范 文

活动：某公司庆功会

致辞人：公司总经理

亲爱的各位员工：

大家好！今天我们高兴地聚集在一起，庆祝我们公司提前完成了今年的既定目标，取得了巨大的成就。我代表公司向大家致以最热烈的祝贺和最诚挚的感谢！

去年，公司计划要在今年完成______万的产值，确保公司的技术创新率达到______，公司的产品合格率、合同履约率、客户服务满意率均达到______。现在，我可以自豪地宣布：我们已经圆满而出色地完成了去年制订的各项计划和指标。公司还拿到了几个上百万的大订单，实现了销售与盈利的双重突破。

特别重要的是，我们公司与________公司的合资事宜，在不久前也取得了很大的进展。合资成功后，公司今后几年将得到良好的发展，公司将会跃上一个新的台阶，公司也将进入一个良性发展的轨道。这是值得我们全体同人庆贺的大喜事！

在这里，我要感谢每一位员工为公司付出的辛勤努力和无私奉献，感谢每一位管理者在工作中身先士卒，发挥带头作用。公司的快速发展离不开你们的智慧和勤劳，你们是公司宝贵的财富。

在公司如今的发展形势下，接下来的工作必然会比现在更加艰辛、更加复杂。但我一直相信，在座的各位员工每个人都有着无限的能量。在接下来的日子里，我和公司各级管理者会努力带领大家，让公司走得更远，登得更高！

在过去的日子里，我们共同经历了无数的困难和挑战。但是，在全公司上下团结一致、积极向上的团队精神的鼓舞下，我们克服了一个又一个困难和挑战，取得了今天的辉煌成果。希望大家继续保持勇往直前的精神，为公司的发展贡献更多的力量！

再次感谢大家的拼搏和付出，谢谢大家！

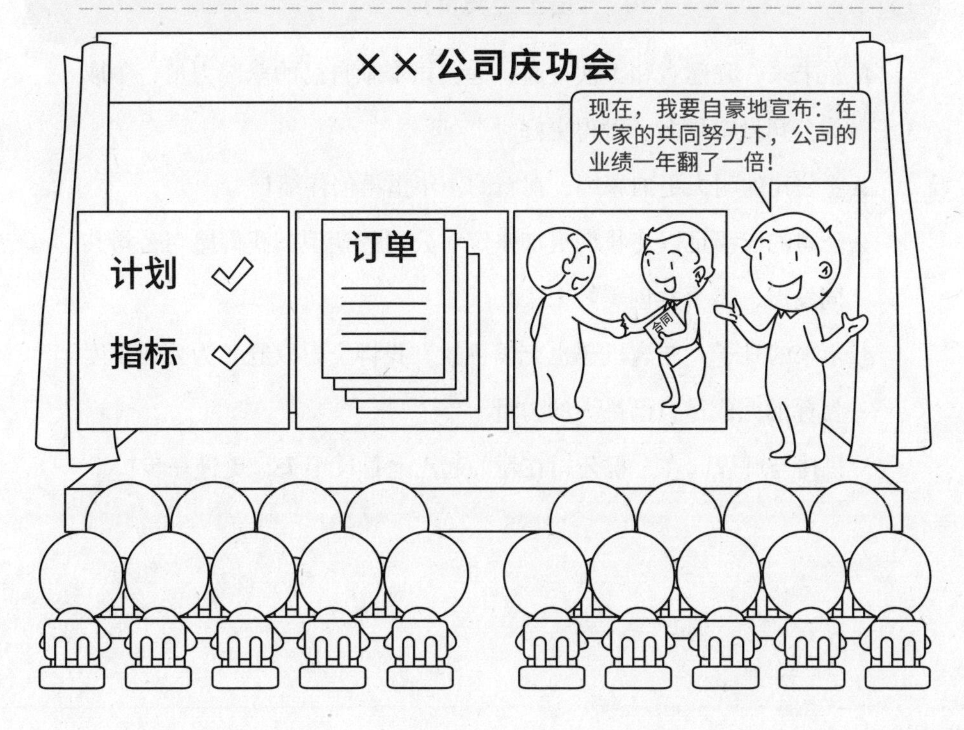

贺词佳句

领导经典贺词

1. 今天的庆祝活动不仅是一个简单的庆祝，更是对大家过去努力的肯定和对未来发展的憧憬。
2. 今天的成绩来之不易，我们既要珍惜，又要对自己保持更清醒的认识。
3. 今天的成绩是一个新的起点，我们有信心、有能力创造出新的业绩和更好的成绩。
4. 前面有更大的目标在等待着我们。路漫漫其修远兮，我们将上下而求索。
5. 让我们在________年，努力奋斗，合作共赢，为________持续健康发展做出新贡献！

员工经典贺词

1. 在未来，我愿意和大伙一起，为公司奉献自己的全部力量，争取为公司做得更多、做得更好。
2. 愿公司的明天更加辉煌，在新的一年里再创佳绩！
3. 公司的成绩足以让我们更加坚定对公司的期望，我们愿与公司共同发展，携手共创美好未来！
4. 未来的日子，充满机遇也充满挑战。我将全力以赴，为公司年度目标的完成尽自己最大的力量。
5. 拼搏与辉煌同在，祝公司在新的起点上百尺竿头，更进一步！

5

庆祝活动顺利完成贺词

学校和企业在举办各项活动时，会在活动结束后发表结束语。这时候的致辞除了要感谢参加活动的各位来宾之外，还要对这次活动的目的和成果进行总结，让大家更加期待下一次活动。

范 文

活动：某公司经销商大会

致辞人：公司市场部总监

尊敬的各位来宾，尊敬的各位经销商朋友：

大家好！我是________公司市场部总监，我叫________。今天我十分荣幸能够参加这次经销商大会。借此机会，我代表________公司总经理________先生及全体员工，向尊敬的各位经销商表示诚挚的感谢！

________公司多年来专注于________行业，目前公司的产品已经有________大系列，________多个品种。公司以________为企业宗旨，以________为目标，近年来加大了科技与研发资金的投入，着力提高企业的创新能力，开发出了一系列新产品，力求不断满足市场的新需求，加大产品的市场占有率。

在各位新老朋友的通力协作下，公司较好地完成了去年的各项销售任务，实现了既定目标。我在此对各位经销商朋友的辛勤付出深表谢意！同时，也对各位所取得的销售业绩表示热烈的祝贺！感谢各位新老朋友一直以来对我们销售工作的配合与支持。

这次的会议除了进行业绩总结和经验交流外，还是公司的新产品发布会和推介会。通过讲解，相信各位经销商对我们公司这一季的新品已经有了更加深入的了解，相信这些新的品类会很快成为盈利增长点，同时也会提高________品牌的市场竞争力。欢迎大家根据市场需求订购。

今年，我们将销售目标提升为________。为了达到这个目标，公司将会举全司之力，全力以赴，积极配合各位经销商接下来的销售工作，做大家强有力的后盾，与大家共同努力做大销量、做强市场，让各位成为________行业内最令人羡慕的经销商。

今天的相聚是为了明天更好地发展，我们希望能够与各位精诚合作，互惠互利。在此预祝各位经销商朋友生意兴隆、万事如意！最后，我宣布，经销商大会到此圆满结束，感谢各位参加！

贺词佳句

学校庆祝活动顺利完成

校长经典贺词：

1. 此次活动在有关领导的指导下，在各位老师、同学的努力下，已经顺利完成各项安排，就要闭幕了。
2. 让我们以热烈的掌声对________取得圆满成功表示祝贺，向对本次活动做出积极贡献的集体和个人表示衷心的感谢！

公司庆祝活动顺利完成：

领导经典贺词：

1. 一年一度的________大会经过全体与会者的共同努力，圆满结束了。
2. 让我们齐心协力发扬________精神，积极投身到________工作中去，在新一年中取得开门红。
3. 本次活动之所以取得圆满成功，在于大家的积极参加与配合，希望各位朋友多提意见和建议。

来宾经典贺词：

1. 感谢________公司给我发言的机会，祝愿________公司不断发展、事业兴旺！
2. 我们________公司将和贵公司一道成长，互相信任，互相协作。
3. 希望与贵公司合作前景更加广阔，共迎下一个辉煌。
4. 祝愿各位参加会议的朋友生意兴隆、财源广进！

①
冯总，贵公司最近拿到一个大订单，可喜可贺啊！
多谢您！想要完成这个订单，还少不了贵公司的支持。
②
公司最近的业绩不错，你们辛苦了。
谢谢老板！这是大家共同努力的结果。
③
预祝贵公司这次的经销商大会圆满成功！
感谢您的支持，希望咱们今后多多合作。
④
感谢贵公司这次举办的技术交流会，我们了解了很多新技术。
感谢您的参与和支持，祝您回程顺利！

6

部队庆功贺词

在部队的庆功仪式上，领导讲话是必不可少的环节。作为领导，在讲话时不仅要向立功受奖的个人或集体表示祝贺和表彰，还要表明部队的价值取向和宗旨，引导军人坚定信仰，最重要的是激发军人爱国、强军的情感，起到鼓舞人心的作用。

范　文

活动：某部队表彰大会

致辞人：部队某领导

同志们：

在八一建军节即将到来之际，我们在这里召开庆功表彰大会。在此，我首先代表全体官兵向立功受奖的同志表示热烈的祝贺！

在这次________救援行动中，我们连队中的________同志做出了突出贡献。现决定对这三位同志授予________等功，奖励他们在这次行动中的英勇表现。他们挽救了人民群众的生命和财产安全，是我们大家学习的榜样。

这次获奖的________位同志，都具有较高的思想觉悟和政治素质，在训练中纪律严明、作风扎实，在工作中吃苦耐劳、乐于奉献，是部队不可多得的人才和宝贵财富。

军人应该重视荣誉，但是立功、受奖、当先进、当模范并不是荣誉的全部。作为一名合格的军人，我们应该时刻牢记，保卫祖国和人民，这才是我们光荣和神圣的使命。即使一时没有得到奖励，赢得群众和组织的好评和赞扬，这本身也是一种荣誉，而且是一种更珍贵的荣誉。

这次我们连队能够出色地完成救援任务，离不开每位同志奋不顾身的付出和努力。我要向各位同志致以诚挚的敬意和衷心的感谢。同时，我希望，立功受奖的同志面对荣誉要戒骄戒躁，踏实工作。没有获奖的同志也不要灰心丧气，只要大家在平时脚踏实地做好本职工作，荣誉早晚会到来。

在未来的日子里，我期望大家能够继续忠诚履行神圣使命，努力提高自身素质，做国家坚实的支柱，做人民可靠的护身符！

最后，祝愿连队越来越好，不断创造新的辉煌！谢谢大家！

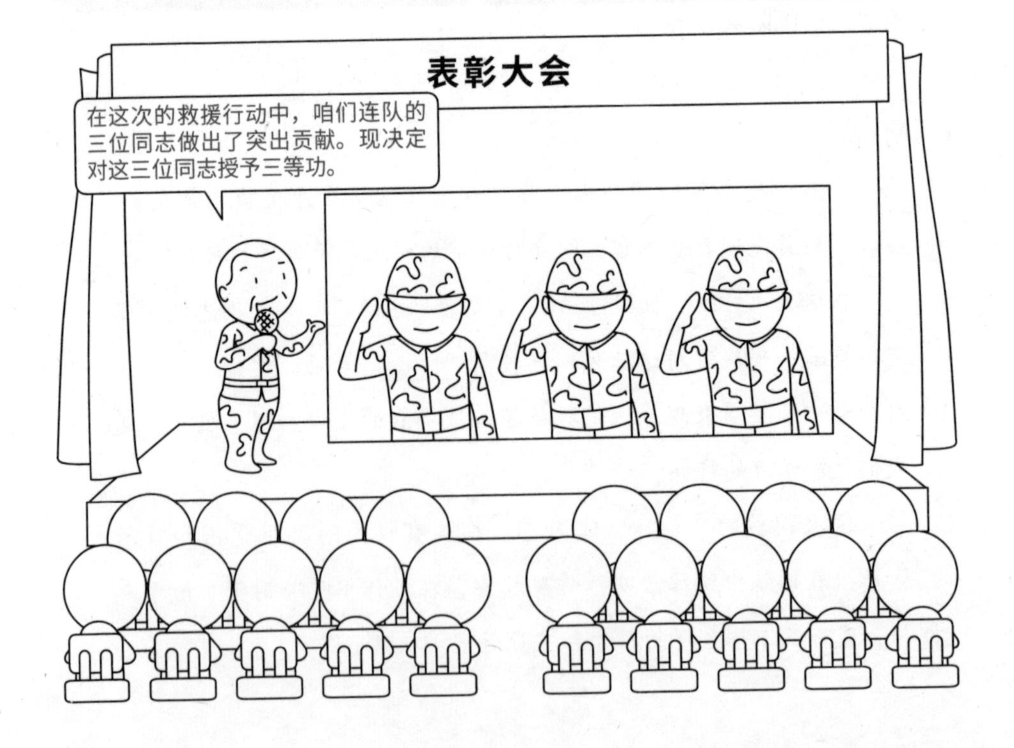

贺词佳句

首长经典贺词

1. 希望这些获得荣誉的同志一如既往地踏实工作，争取在新的一年里有更大的进步。
2. 立功受奖只是我们前进路上的一个小插曲，未来还有更光明的道路在等待着我们。
3. 接下来，希望大家要继续刻苦学习和训练，为实现________的目标做出更大的贡献。
4. 亲爱的战士们，愿你们不怕牺牲，无私奉献，不辜负党和人民的重托！

来宾经典贺词

1. 祖国安定离不开谁？谁是我们最崇拜的人？谁是最可爱的人？军人！
2. 有种身板叫铮铮铁骨，有种精神叫不怕牺牲，有种军魂叫英姿飒爽，有种气概叫英勇无畏。
3. 男儿自当投部队，练就本领报祖国。希望大家继续努力拼搏，回报社会！

第四章

节日庆典贺词

1

节日庆典贺词万能模板

一、开场称呼

尊敬的各位来宾，各位员工，女士们、先生们

尊敬的各位来宾，各位家长，各位老师，各位同学

二、表达感谢

大家好！在这个喜庆的时刻，我们汇聚在此，共同庆祝即将到来的________节。今天，我借此机会，代表公司感谢一路走来的每一位员工，感谢在各个工作岗位上，特别是在基层一线上默默付出的兄弟姐妹们。公司能够在行业内崭露头角，得益于大家的努力和坚持。我在此衷心地感谢大家！

（适用于公司节日庆典活动）

大家好！今天，我们怀着无比喜悦的心情，在这里一起庆祝________节。在此，我谨代表学校全体师生，向在座的各位来宾以及家长表示热烈的欢迎！同时，为大家对教育事业的支持，为大家对学校工作的配合与理解，为大家对孩子们的关爱，向你们表示诚挚的谢意！

（适用于学校节日庆典活动）

三、回顾历史

刚刚过去的一年，对我们公司来说是不平凡的一年，公司在这一年里取

得了一定的成就。公司拿下了不少新的订单，其中更有与大品牌公司和海外公司的合作。这意味着________公司即将面临新的挑战、新的机遇，即将脱胎换骨，走进一个新的时代。

（适用于公司节日庆典活动）

过去的几年中，我们学校在全体师生的努力下，坚持求实创新，努力推进素质教育，学生在德、智、体、美等方面取得了令人满意的成绩。教师深钻细研，爱岗敬业，虚心执教，乐于奉献；同学们勤奋刻苦，顽强拼搏，学到了知识，增强了本领。一路走来，我们付出了很多，也收获了很多。每一次进步，每一次成功，都激励着我们向更高的目标前进。

（适用于学校节日庆典活动）

四、展望未来发展

明年，是公司经营的第________年，我们要争取将公司的生产总值提高________，争取更多的客户与我们公司合作，要把________公司的业绩再提高一个档次，将它打造成一个成功的企业，一个全国知名的品牌。可以说，明年是我们任重道远的一年，也是我们创造梦想、扬帆起航的关键之年。

（适用于公司节日庆典活动）

我们将一如既往地尊重教育规律，尊重学生身心发展的特点，尊重学生的人格，尊重家长的真诚反馈，用爱心和行动来回报社会，回报关心、理解、支持、信任我们的家长和社会各界的朋友们。

（适用于学校节日庆典活动）

五、提出希望

希望全体员工一如既往地齐心协力、团结奋进，一起将________公司建设得更好，一起创造出一个更加美好、更加辉煌的未来！

（适用于公司节日庆典活动）

同学们，学生时代是美好人生的前奏，希望你们加倍珍惜，加倍努力，共同珍惜这美好的时光，去迎接更加美好的未来。同时，我也希望老师们一如既往地爱学校、爱教育事业、爱孩子，促进每一个学生健康、和谐、全面的发展。

（适用于学校节日庆典活动）

六、表达祝福

最后，再次祝愿全体员工以及你们的家人身体健康、工作顺利、阖家幸福、万事如意！谢谢大家！

（适用于公司节日庆典活动）

最后，祝各位领导和嘉宾身体健康、万事如意！祝老师们工作顺利、生活幸福！祝同学们学习进步、节日快乐！谢谢大家！

（适用于学校节日庆典活动）

2

新春活动庆典贺词

春节是一年中最重要的节日。企业一般会在春节前召开年会，领导在年会上发表新年贺词是很重要的环节。新春庆典贺词要做到真情实意、温暖感人。

范 文

活动：某集团春节年会

致辞人：集团董事长

女士们、先生们，同志们，朋友们：

瑞雪纷飞，佳节将近；一元复始，万象更新。________年春节的钟声即将敲响，值此新春到来之际，我谨代表________集团、董事会向广大合作伙伴和各界朋友致以最衷心的感谢和最诚挚的祝福！向过去一年付出辛勤劳动的全体员工和家属致以最亲切的问候和最美好的祝愿！

________年，集团的各项工作取得了丰硕的成果。在各级领导的关怀下，在广大员工的努力下，________集团在新的发展战略思路的指引下，调整了业务结构，加强了企业管理，加大了自主产品的创新力度，全面提升服务能力，积极开拓海外市场，企业的核心竞争力、发展速度和可持续发展力都有了很大的提高。

随着________年的到来，集团又将迎来更为辉煌的一年。在这里，我要宣布，集团预计要在新的一年里，在________领域发力，开拓________等全新的业务，并且预计在________和________开设分公司，届时公司的业务版图将得到进一步扩大。

展望新的一年，我们虽然面临着大好的发展机遇，但是也同样面临着严峻的挑战。我们要在挑战中把握机遇，在管理中提高效益，依靠人才和技术优势，坚持以市场为导向，以创新为动力，以成本为核心，加大国内市场占有率，大幅提升公司持续盈利的能力，以长期、可持续的发展回馈股东、员工、客户和社会。

________年是集团发展的关键之年。在新的征程上，我相信，有全体员工的共同努力，有合作伙伴的全力支持，有各位领导和朋友的大力扶持，集团必将更上一层楼！

让我们举杯祝________集团宏图大展、蒸蒸日上！祝愿大家新春快乐、阖家幸福！

谢谢大家！

贺词佳句

领导经典贺词

1. 在新的一年里，我们要团结一心，众志成城，让________公司这艘巨轮驶向更辉煌的彼岸！
2. 公司期望在未来与大家携手并肩，开拓创新，以新的姿态和步伐向着更高、更远的目标奋进。
3. 事业的成功属于________，更属于我们在座的各位员工。让我们和衷共济、同心同德，谱写更加灿烂与辉煌的篇章！
4. 新的一年寄托着新的希望，站在新的起点上，有全体同事的努力，公司必将实现新的飞跃！

员工经典贺词

1. 在新的一年里，我们将以崭新的业绩回报公司的关心和支持，同谱新篇章，共创新未来！
2. 我们愿在公司的引领下，坚定信心，奋发有为，共同创造更加美好的未来！

来宾经典贺词

1. 新春是新年的伊始，带给等待的人希望。愿贵公司事事顺利、万事大吉！
2. 春风送福，吉星高照；春节喜庆，祝福翩跹。祝贵司喜气临门、财源广进！
3. 物换星移又一载，笑看迎春百花开，宏图大展庆功宴，瑞雪华年从头来。
4. 在新的一年里，愿贵司如鲲鹏展翅，一飞冲天，愿与贵司加强合作，再创伟业。

3

妇女节活动贺词

三八国际妇女节是全世界劳动妇女的节日。女性在工作和社会中占有很重要的地位。在活动中致辞时，对于妇女同志的能力和作用要予以肯定，鼓励她们继续更好地工作和生活，为企业和社会做出更大的贡献。

范文

活动：某医院三八妇女节活动

致辞人：医院院长

全院女职工同志们：

大家好！伴随着春天的脚步，三八国际妇女节来临。在这里，我谨代表________医院党政工团，向全体女职工致以亲切的问候和美好的祝福！

1857年3月8日，美国的女工们走上街头示威游行，要求在经济、政治、教育等方面享有和男性同等的权利，从此每年的3月8日便成为国际劳动妇女节。在中国，女性一直占据着重要的地位。特别是在我们医院里，女职工一直是医院发展的重要组成部分。在医院这些年的建设和发展中，我们医院的女职工巾帼不让须眉。可以说是一代又一代的女职工们支撑起了医院的“半边天”。

作为女同志，________医院的女职工们，你们比男同志扮演着更多的角色。在家里，你们是父母、公婆善良孝顺的女儿，是丈夫温柔贤惠的妻子，是儿女们贴心依恋的母亲。作为女儿、妻子、母亲，你们把辛劳和爱心奉献给了家人；作为医生、护士、职工，你们把无私和敬业奉献给了病人。你们承受着比男同志更多的负担和压力，在此向你们致以最崇高的敬意！

除此之外，借此机会，我也向全院女职工同志们提出两点希望：一是希望全院女职工不断加强学习，努力提高自身的专业素质，在自己的岗位上施展才华、贡献智慧，创造优异成绩；二是希望全院女职工恪守职业道德，自觉履行社会公德，为营造医院良好的医风而不懈努力，为推动医院创新发展大展巾帼风采。

________医院的“半边天”们，请拿出你们的热情和斗志，为医院的腾飞贡献出力量吧！最后，衷心祝愿全院女职工同志们节日快乐、心想事成、工作顺利、家庭和睦！

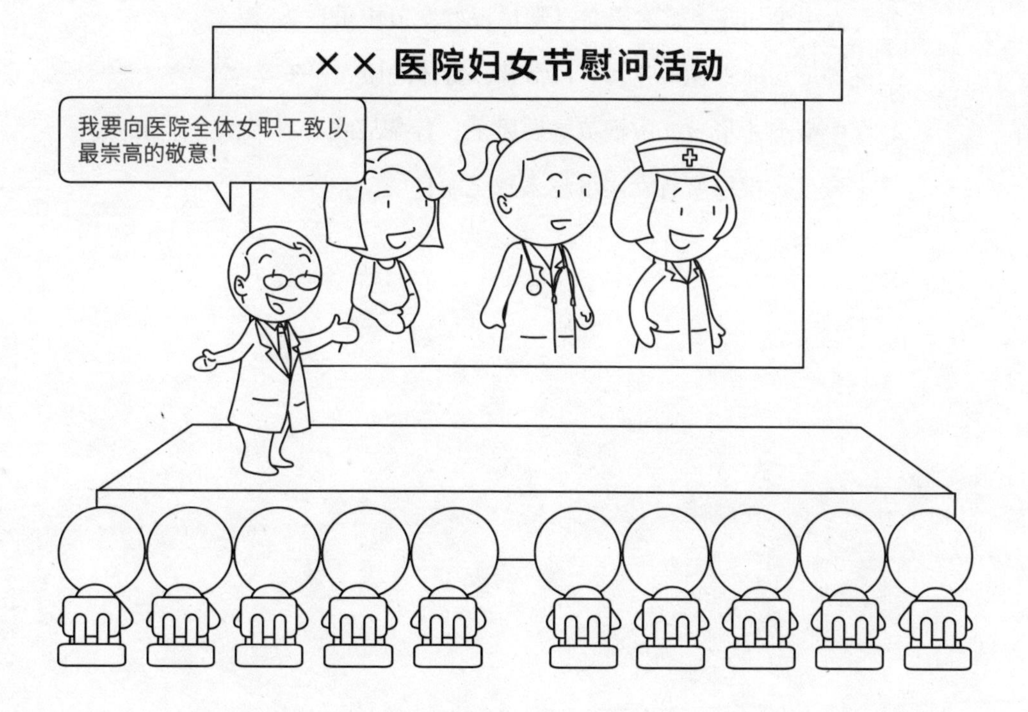

贺词佳句

领导经典贺词

1. 都说妇女能顶半边天，可在________，女性却能顶大半边天。
2. 在公司________名职工中，女职工就有________个，占________%，可以说公司的发展离不开女职工的努力。
3. 希望________的女同胞们多学习、多思考、多锻炼，做有文化、有思想、有爱好的新时代女性。
4. 各位女同胞，希望你们在新的一年里发扬“自尊、自爱、自信、自立、自强”的巾帼精神，在拼搏中实现自我价值。

员工经典贺词

1. 三八妇女节，祝开心如意永相伴，烦心恼事离得远，日子过得比蜜甜，一年四季都平安！
2. 女人一生如花，多多爱自己吧！祝妇女节快乐！
3. 祝各位女神青春永驻，笑口常开，身体健康，平安幸福！
4. 女中豪杰才华溢，巾帼英雄展风采；各条战线有身影，工作佳绩多豪气。祝愿所有女同事越来越美丽！

4

儿童节活动贺词

六一国际儿童节是孩子们的盛大节日，幼儿园和学校往往会在此期间为孩子们举行庆祝活动。儿童节活动贺词主要是对孩子们致以节日的祝福，还可以感谢老师、家长，最后可以简要介绍活动内容。

范 文

活动：某幼儿园六一儿童节文艺汇演

致辞人：幼儿园园长

尊敬的各位来宾、各位家长、各位老师，亲爱的小朋友们：

大家好！今天是六一国际儿童节，在这阳光灿烂、百花盛开的日子里，我们怀着喜悦的心情在这里欢聚一堂，共同庆祝这个盛大的节日。在这个喜庆的日子里，我代表________幼儿园全体教职工祝小朋友们节日快乐！

我们________幼儿园创建于________年。自建园以来，我园一直坚持“________________”为目标，精心打造孩子们快乐成长的摇篮。我园能有如今的规模和成绩，离不开各位家长的支持和鼓励。我要对百忙之中抽空来参加活动的家长们表示热烈的欢迎，同时对大家长期以来对我园的关心和支持致以诚挚的谢意！各位家长今天来到这里参加孩子们的活动，充分展现了对于孩子们成长的关注，对教育的关注。有了你们的关注和理解，孩子们一定会有一个健康快乐的童年。

在这里，我还要给________幼儿园的全体教职工送上祝福。正是因为你们拥有一颗童心，才让你们带着责任、带着热情坚守着自己的职业和使命，为孩子们的快乐成长奠定了坚实的基础。作为________幼儿园的一分子，能和这么多优秀的教职工一起工作，我倍感荣幸。

“六一”是孩子们的节日，而“六一”的快乐是属于我们大家的。我园庆“六一”文艺演出即将开始。今年的活动形式有所创新，除了让小朋友们发挥特长、展示才艺的文艺汇演外，我们还安排有亲子活动，让每位家长能够陪伴孩子度过难忘的一天，留下珍贵的回忆。

最后，预祝本次活动圆满成功。祝愿所有小朋友健康成长、天天开心，祝愿在座的各位永远保有一颗童心！

贺词佳句

领导经典贺词

1. 儿童时代是美好人生的前奏，希望你们珍惜这美好时光，去迎接美好的未来。
2. 在这个快乐的日子里，孩子们，尽情地唱吧，尽情地跳吧！用歌声、用舞姿来表达你们的快乐！
3. 我衷心祝愿每位同学都能成为家庭中的好孩子、学校中的好少年，弘扬积极向上的精神。

老师经典贺词

1. 亲爱的小朋友们，希望我们播下的种子能在你们身上开花、结果，________幼儿园因你们而精彩。
2. 同学们，希望你们富于想象、乐于探索、敢于创新、善于创造、勇于实践。
3. 希望小朋友们从小事做起，从现在做起，养成良好品德，努力学习，健康成长！

家长经典贺词

1. 世界是我们的，更是你们的！世界有你们，明天更美好！
2. 童年如花，童真无瑕。祝________六一儿童节快乐，也祝所有小朋友节日快乐！

学生经典贺词

1. 今天是我们的节日，我们不仅要享受这份喜悦，还要将这份喜悦带给周围的人。
2. 让我们在今天的联欢会中用歌声和舞蹈，用欢声和笑语来庆祝我们的节日。

5

教师节活动贺词

在教师节，学校一般都会举行庆祝活动。教师节活动贺词要表达对教师的尊敬，感谢教师对学生和学校做出的贡献，以调动广大教师从事教育事业的积极性。

范　文

活动：某学校教师节活动

致辞人：学校校长

老师们，同志们：

你们好！秋风送爽，丹桂飘香，在这丰收的季节里，我们又迎来了一年一度的教师节。我谨代表学校党委和行政部门，向辛勤工作的广大教职员工致以节日的祝愿和诚挚的问候！

我们的祖国有着光辉灿烂的文化，自古以来，优秀文化的传承离不开老师起到的承上启下的传递作用。尊师重教是光荣的传统，教师是光荣的职业。虽然教师节只是一年之中的一天，但是它提醒着每位教育工作者身上肩负着教书育人的重任，也能让每位教育工作者体会到工作带来的无上荣光。

过去的一学年里，在大家的共同努力下，我校的德育主题教育深入人心，教学质量和教学秩序得到了提升，学校的文体活动丰富多彩，学生成绩优秀、捷报频传。我们的老师很辛苦、很劳累，但是累并快乐着。师生共同用成绩的进步和学校的发展，向家长，向社会，也向我们自己献上了最丰厚的节日贺礼。

新的一学年，对于________学校来说，又是充满挑战的一年。我们应该清醒地意识到，摆在我们面前的机遇很多，困难同样也很多。我们要用最大的努力回报上级领导对我们的殷切期望，以及家长们对我们的信任和理解。

在教师节来临之际，我们将表彰一批本校的优秀教师，对他们予以奖励。期望大家以他们为榜样，积极投身教育事业，为教书育人做出贡献。学校今后将全面提升办学质量，努力为教职员工谋福利，与各位老师同心协力，共同开创________崭新的明天。

最后，再次祝愿老师们节日快乐！

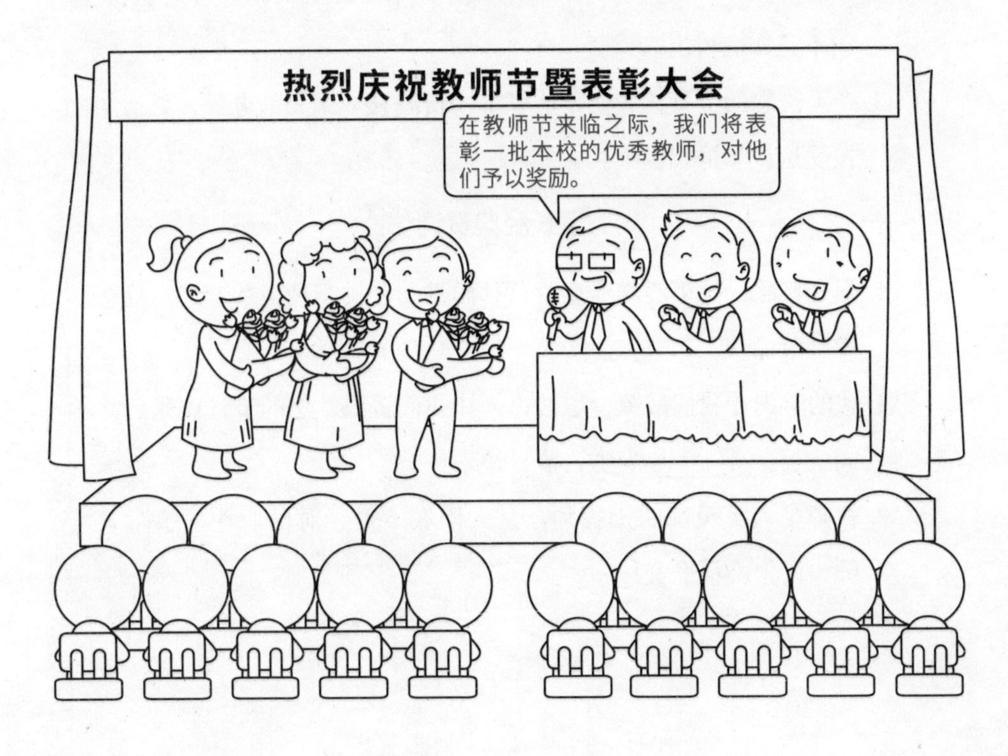

贺词佳句

领导经典贺词

1. 今天，是平凡的日子，却有着深刻的内涵。因为大家都是灵魂的工程师，9 月 10 日这个普通的日子，才变得伟大而神圣。
2. 教育是一项事业，需要我们为之献身；教育是一门科学，需要我们为之求真；教育是一门艺术，需要我们为之探寻。
3. 师者，传道授业解惑也。老师们，你们肩负着承前启后、继往开来的光荣使命。

学生经典贺词

1. 我不是您最出色的学生，您却是我最崇敬的老师。属于您的节日里，您的学生愿您永远年轻！
2. 师恩如山，师恩似海。加减乘除，算不尽您的贡献；诗词歌赋，颂不完您的付出。
3. 今天是您的节日，我们不能献上一份厚礼。亲爱的老师，就请您接受这诚挚的祝福吧！

家长经典贺词

1. 阳光普照，园丁心坎春意浓；甘雨滋润，桃李枝头蓓蕾红。祝您教师节愉快。
2. 您的学识让我们敬佩，您的为人让我们折服，您的节日让我们共同庆祝。________老师，节日快乐！
3. 教师是人类灵魂的工程师，是太阳底下最光辉的职业。感谢老师，祝您幸福平安！

6

中秋节活动贺词

中秋节是中华民族的传统佳节。无论是学校还是单位，举行庆祝活动时，要向学生或职工表示节日的祝贺，鼓励大家继续努力学习或努力工作。

范 文

活动：某工厂中秋节活动

致辞人：工厂厂长

亲爱的职工同志们：

大家晚上好！月朗星疏，金秋送爽。今晚我们欢聚一堂，共庆中秋佳节。首先，请允许我向在节日期间坚守工作岗位的各位同志致以节日的问候。另外，我还要通过你们，向支持、关心、思念你们的亲人们表示衷心的感谢和诚挚的祝福！

月到中秋分外明，每逢佳节倍思亲。在这个阖家团圆的日子里，在座的各位为了保证公司的生产任务，远离亲人，身处异乡，放下了和家人团聚的机会，坚守岗位，默默奉献，辛勤工作。此时此刻，我心潮澎湃，为大家这种以厂为家的主人翁精神而深深感动。

过去一年里，工厂的产能和产品质量得到了很大的提升，让订单的按时交付得到了很大的保障。正是因为每一位________人付出的努力和汗水，才华与激情，公司才能不断地取得令人欣喜的成绩。在此，我要向所有________的员工表示最衷心的感谢！

当前的市场环境复杂而多变，为咱们厂带来了千载难逢的机遇，可以说是形势逼人，时不我待。同志们，机遇的大门已经开启，我们应该精诚团结、加强管理、提高技术、促进发展，为咱们厂的不断发展壮大而不懈努力。

虽然我们来自五湖四海，但我们为了一个共同的理想和目标相聚在这里，在________这个大家庭里，共同成长，携手发展。这次举办的联欢晚会就是为了让大家在异乡体会到节日的温暖，在中秋感受到团圆的氛围。厂办为大家精心策划和准备了丰富多彩的文艺演出，有歌舞、小品和相声等节目，并邀请大家亲手制作月饼。厂里还为每个员工准备了一份中秋礼物。希望大家在欢笑声中度过一个愉快的夜晚。

最后，祝福大家身体健康、事业有成，祝________的明天更辉煌！

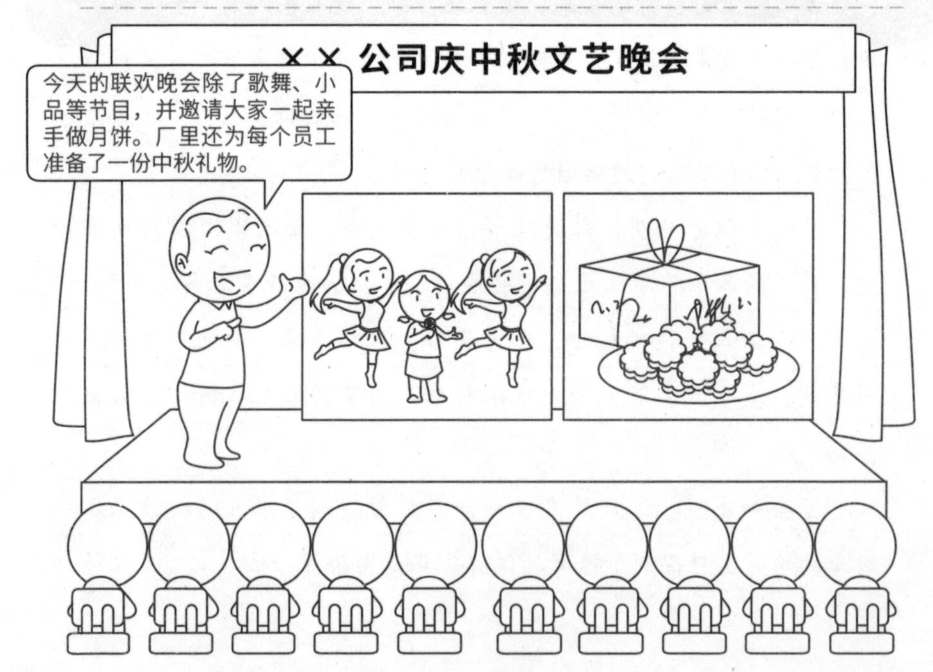

贺词佳句

学校庆祝中秋节

校长经典贺词：

1. 中秋最美，美不过一颗感恩的心；中秋最美，美不过真心的祝福。祝老师们、同学们中秋快乐，一切圆满！
2. 月是中秋明，情是中秋浓。在这团圆、喜庆的日子里，祝福孩子们飞得更高、更远，绘出更加美好的蓝图！

学生经典贺词：

1. 举杯邀月，乐在中秋；月饼微甜，甜在中秋。祝福老师甜甜蜜蜜过中秋，平平安安过生活！
2. 今夜明月圆，家家人团圆。愿同学们日日花好月圆，中秋更是幸福团圆！

单位庆祝中秋节

领导经典贺词：

1. 中秋节过后，新的任务在等待我们，我们又将投入新的战斗。愿大家团结一心，勇往直前！
2. 扬起合作的风帆，走向成功的明天。感谢大家一直以来的支持，祝大家天天好运、中秋快乐！

员工经典贺词：

1. 月到中秋分外明，人团家圆事业旺。祝公司兴旺发达！祝大家工作顺利！
2. 月圆人有缘，相聚在________。时光飞逝，我们共同走过。公司的发展靠你、靠我、靠大家！

第五章

结婚庆典贺词

1

结婚庆典贺词万能模板

一、开场称呼

尊敬的各位领导、各位来宾，女士们、先生们

各位来宾，各位朋友们

二、表达欢迎

大家好！今天，我们欢聚一堂，共同祝愿新郎________先生与新娘________小姐喜结连理。我受新郎新娘的重托，十分荣幸地担任他们的证婚人。首先，我代表二位新人，向各位来宾表示热烈的欢迎和衷心的感谢！

（适用于证婚人贺词）

大家好！衷心感谢大家在百忙之中参加我儿子和儿媳的婚礼。都说“众人拾柴火焰高”，正是大家的捧场，才使得今天的婚礼这么喜庆。我代表全家，对大家的光临表示由衷的感谢。

（适用于父母贺词）

大家好！我是新郎________先生的好朋友。今天能够来到这里，和大家一起见证新郎________先生和新娘________小姐的爱情，我深感荣幸。

（适用于朋友贺词）

三、介绍新人，赞美新人

各位来宾，新郎________先生，今年________岁，英俊潇洒、诚实忠厚，

而且为人和善、才华出众。新娘________小姐，今年________岁，漂亮可爱、窈窕动人，而且知书达理、温柔体贴。他们二人从相识、相知到相爱、相守，今天终于修成正果，步入了婚姻的殿堂。

（适用于证婚人贺词）

俗话说，千里姻缘一线牵。他们相识、相知，而今走进了婚姻的殿堂，从此他们的世界里不再是一个人。作为好朋友，我为他们的结合感到由衷的高兴。

（适用于朋友贺词）

四、表达感谢

借今天这个机会，我要向多年来关心、支持我们全家的各位领导、同事、朋友表达深深的谢意！此时此刻，我还要由衷地感谢亲家，你们培养出这么好的女儿，让我家才有了这么善良、孝顺的好儿媳。

（适用于父母贺词）

五、对新人的寄语

作为证婚人，我借此机会，向二位新人提出三点希望：结婚之后，希望你们孝敬父母；在生活中，希望你们互敬互爱、互谅互让；在工作中，希望你们努力工作、共同进步。

（适用于证婚人贺词）

我在这里对两个孩子有一些期待的话要讲。首先，我希望你们在以后的生活中多一些责任心。其次，我希望你们有一颗感恩的心。最后，我希望你们要有宽容的心。希望你们在今后的生活中，相扶相帮、坦诚相待、共同分担、彼此理解。

（适用于父母贺词）

身为好朋友，我要给你们送上最真挚的祝福。祝你们比翼齐飞，如胶似漆！以后的生活不一定都是风和日丽，总有电闪雷鸣的时候，但我相信，只要你们相互支持和包容，风雨后总能见彩虹。愿你们永远是比翼鸟，一同沐浴阳光，一同面对风雨。

（适用于朋友贺词）

六、表达祝愿

我愿意和大家一起见证，在未来的岁月里，你们会白头偕老、美满幸福。最后，让我们用热烈的掌声，再次对________先生与________小姐的结合表示真诚的祝贺！谢谢大家！

（适用于证婚人贺词）

最后，我希望你们婚后相敬如宾、相亲相爱，能够用自己的双手去创造理想的生活。同时，也祝在座的各位来宾身体健康、万事如意！

谢谢大家！

（适用于父母贺词）

祝愿我的朋友，两位新人婚姻幸福，早生贵子。最后我祝大家工作顺利、财源广进！谢谢！

（适用于朋友贺词）

2

证婚人贺词

担任结婚庆典上的证婚人，一定少不了要致辞。证婚人致贺词，并不需要长篇大论，可以向来宾简短地介绍新人的情况，以证婚人身份宣布新人的婚姻合法、有效，最后再致以简短的祝贺。

范文

活动：某新人结婚典礼

致辞人：证婚人

各位来宾，女士们、先生们，朋友们：

今天，我受新郎新娘的重托，担任________先生与________小姐结婚典礼的证婚人，对此本人深感荣幸。现在，我的心情十分激动。能够在这神圣而又庄严的婚礼仪式上，为这对珠联璧合、佳偶天成的新人宣读证婚词，我感到十分荣幸。能够见证这一对有情人终成眷属，我也感到无比的欣慰。

各位来宾，新郎________先生英俊潇洒、稳重大方，在工作上认真负责、任劳任怨。他为人和善、谦虚好学，是一位成绩突出、才华出众的好青年。

新娘________小姐端庄大方、美丽动人、知书达礼、心地善良。她温柔体贴、气质高贵，是一位秀外慧中、蕙质兰心的好姑娘。

作为证婚人，我要说：是缘、是情、是爱，让他们在冥冥之中走到了一起，让他们从相识、相知、相爱直到相伴一生。

作为证婚人，我宣布：新郎新娘从此结为夫妻。他们的基础是牢固的，感情是深厚的，婚姻是合法的！从今以后，无论贫富、疾病、生老病死，你们都要一心一意、忠贞不渝地爱护对方，在漫漫人生路上永远心心相印、白头偕老！我也愿意和大家一起见证，在未来的岁月里，看到你们和睦相处，幸福美满！

也许漫长的人生旅途中会遇见风雨，但是有了彼此的陪伴和温暖，有了彼此的关心和爱护，我相信，你们一定会笑对人生风雨，共同创造美好的未来！

最后，我祝愿这对新人新婚愉快、百年好合、永结同心、早生贵子！

贺词佳句

证婚人经典贺词

1. 古人云，人生有四大喜事，那就是：久旱逢甘霖，他乡遇故知，洞房花烛夜，金榜题名时。
2. 今日________家与________家永结秦晋之好，________先生与________小姐喜结连理。作为证婚人，我先对新人予以祝贺。
3. 黑夜给了我黑色的眼睛，我却用它寻找美好的爱情。如今，新郎新娘都找到了他们各自的挚爱。
4. 新婚伊始相亲相爱，结婚以后相敬如宾，有了子女父慈母爱，年迈以后相濡以沫。
5. 借用年轻人的一句话：我很丑，可是我很温柔，我的祝福到永久。值此良辰吉日，祝福新郎新娘新婚快乐！
6. 俗话说，“十年修得同船渡，百年修得共枕眠”，让我们用热烈的掌声恭喜这对新人！

3

父母贺词

新郎新娘的父母是结婚庆典上的重要角色，一对新人的结合肯定少不了他们的祝福。看着儿女成家，父母肯定心有感触。在致辞时，作为父母，除了表达激动的心情，对新人表达祝福和期望之外，还要对来宾致以谢意。

范文

活动：某新人结婚典礼

致辞人：新郎的父亲

尊敬的各位来宾，各位至亲好友，女士们、先生们：

大家好！今天是个大吉大利而又喜庆的日子，我的儿子和儿媳在此举办结婚典礼，我感到十分高兴和荣幸。高兴的是，这对新人终于携手走入了婚姻的殿堂，作为父母，我们也算完成了一个光荣的任务。荣幸的是，这么多挚爱亲朋送来了真诚的祝福。借此机会，我要向多年来爱护和提携两个孩子，关心和支持我们全家的领导们、亲人们和朋友们致以衷心的感谢！

身为父母，看到________和________相知相爱、情投意合、心意相通、志同道合，今日喜结连理、互定终身，我们非常欣慰。

对于亲家，我和夫人始终怀抱有感激之情，感谢你们将________养育得文静贤淑、聪明美丽。我们有幸，________今后能够成为我们家庭的一员。在以后的日子里，你们的女儿也是我们的女儿，我们会把________当成亲生女儿来对待，请亲家和亲家母放心！

结婚是人生的大事，也是每位父母的大事。面对台下的亲朋好友和诸位嘉宾，我有三点期望要对台上的这对新人说：

第一，我们是平凡的父母，对你们没有太多的奢求，希望你们勤奋工作，不断进取，用自己的聪明才智和勤劳的双手去创造美好的生活。

第二，你们能够走到今天，并不容易，未来还会有很多坎坷和困难，需要你们一起度过。希望你们今后互相理解、互相包容、苦乐同享、彼此关爱，在人生的道路上同舟共济。

第三，你们要孝敬双方的父母，就像歌里唱的那样："常回家看看！"

最后，我代表双方父母向这对新人表示祝福，祝他们生活幸福、互敬互爱！借今天的喜气，祝各位领导、来宾和亲朋好友身体健康、万事如意！

贺词佳句

新郎父母经典贺词

1. 结婚是人一生之中最大的喜事，此时此刻我无比欣慰。作为父母，看着儿子从出生到建立自己的家庭，十分开心。
2. 看到儿子能够找到如此善良、温柔、体贴的伴侣，我们也为他感到高兴。
3. 执子之手，与子偕老，愿你们夫妻恩爱、白头偕老、早生贵子，组建一个幸福的家庭！
4. 儿子儿媳的婚礼惊动了这么多领导和朋友，让我很是忐忑和感激。希望大家今天吃好、喝好、玩得开心，招待不周的地方还请多多包涵。

新娘父母经典贺词

1. 女儿，希望你结婚后能成为一个温柔而不踧扈的女子，成为一个贤淑而不世俗的妻子。
2. 用热情主宰生活，用智慧点亮生活，爸爸妈妈希望你能做一个幸福的女人。
3. 以前总盼着女儿长大，她就是长不大，但突然间她长大了，成为一个美丽的少女，今天又做了幸福的新娘。
4. 我万分感激爱神的降临，我祈求它永远关照这两个孩子。

①
作为新郎新娘的介绍人，您能不能给我们介绍一下他们呢？
新郎忠厚敦实，在外经得住甜言蜜语，在家耐得住柴米油盐。
②
那新娘呢？
美貌与智慧并存的新娘，可谓“上得了厅堂，下得了厨房；写得了代码，查得出异常”。
③
我们有请证婚人为新人证婚！
作为一名税务工作者，今天我做出一个重大决定，“免税”为新郎新娘证婚。
④
最后，请您对新人致以祝福。
那就希望你们，一不小心，白头到老！

4

朋友贺词

新郎新娘的好朋友是婚礼上必不可少的受邀嘉宾，也可能会上台致辞。作为新人的朋友，在发言时，无论是幽默还是庄重，无论和新郎新娘的关系多么亲近，此时都不能“拆台”，要只说好的，不说坏的，这样新人才能脸上有光。

范 文

活动：某新人结婚典礼

致辞人：新娘的朋友

各位来宾，各位亲友，女士们、先生们：

大家好！我很荣幸能够在闺密的婚礼上发言。我和________认识________年了，她是我最好的朋友。我一直觉得她是一个温柔善良的女孩。今天，她终于找到了________这样优秀的男人作为丈夫，我替她感到高兴。

这段爱情，并不是一帆风顺的。作为旁观者和见证人，我看到他们有过欢乐，有过争吵，有过甜蜜，有过苦涩。他们在一起________年，一直彼此努力和坚持，经历了坎坷，经历了美好，经历了矛盾，经历了和解，始终不曾放弃。今天他们终于如愿以偿走进婚姻的殿堂，他们的爱情终于修成正果。从他们身上，我体会到了“真爱无价”的含义。

其实，今天，我不仅想给你们带来祝福，也想给你们一些实质性的建议。我已经结婚________年了。根据我的亲身经历，我要传授给你们一点经验，以后无论做什么事情，都要站在对方的角度去思考。有时候，我们自认为正确的事情可能会给对方造成伤害。在婚姻中，两个人需要磨合与包容。你们今后要共同面对人生的喜怒哀乐，共同分担生活的酸甜苦辣，互相协商、共同解决才是正确的做法。

身为________的闺密，我要对新郎说几句话。看到你们这么相爱，我可以放心地把________交给你了。希望你以后能够对她疼爱有加，不管发生什么事情，都永远支持她、保护她，陪伴在她的身边。

最后，我要真心地祝福你们，希望你们加倍珍惜百年修来的美好姻缘，举案齐眉，恩恩爱爱，幸福美满，以后的生活甜甜蜜蜜！同时，也祝愿今天在座的各位朋友，在新的一年里，工作顺利，身体健康！

谢谢大家！

贺词佳句

新郎朋友经典贺词

1. 结婚是人生时间最长的一场“交易”，因为不出意外它将直到你闭上眼睛才算结束。
2. 愿你们夫妻二人，牢记过去的承诺和今天的誓言，从今以后，无论是贫穷还是富有，一心一意，一生一世。
3. 今天你就要结婚了，我为你感到高兴，希望你们海枯石烂心永远，地阔天高比翼飞！
4. 相亲相爱，幸福永远；同心同德，幸福绵长。愿你们情比海深！
5. 送你们一副对联，上联是“翼鸟双飞两心相印白头偕老”，下联是“鸾凤和鸣两情相悦永结同心”，横批是“相亲相爱”。

新娘朋友经典贺词

1. 一朝结下千种爱，百岁不移半寸心。
2. 十年修得同船渡，百年修得共枕眠，希望你们同船同渡，钟爱一生。
3. 海枯石烂不变心，地阔天高比翼飞，希望你们知音百年，琴瑟和鸣。
4. 今日完婚天作之合，夫唱妇随心心相印，同甘共苦永结同心，美满姻缘相亲相爱。大好日子祝愿朋友，新婚快乐！
5. 看着你们站在台上，真是天生的一对。愿你们今后的生活，就像诗一样美，每天都过得幸福、快乐！

5

领导贺词

有的新郎新娘会邀请自己的领导出席婚礼，而且领导在婚礼上会受到很大的重视。作为领导，如果被邀请发言，要将说话内容紧扣在对新人的祝福和夸奖上面，一定不要将贺词变成工作场所的讲话，否则现场就会很尴尬。

范　文

活动：某新人结婚典礼

致辞人：新郎的直属领导

各位女士、先生，朋友们：

大家好！在这个温馨浪漫、喜庆祥和的日子里，我们在此欢聚一堂，共同祝贺、共同见证________先生和________小姐喜结连理，在此踏上爱情的红地毯，并肩携手步入神圣的婚姻殿堂。在这里，我谨代表________公司、公司总经理________先生和今天到场的同事们，向两位新人和他们的家人、亲属、朋友们致以真诚的祝福！

作为________的直属领导，我和这位帅气的新郎已经共事________年了。在这________年中，他的工作能力毋庸置疑，他的生活态度值得学习。他身为我们公司________项目的负责人，在工作中积极上进、善于管理，生活中乐于助人、团结同事，是一位深受领导欣赏和同事喜爱的好小伙儿。

我和新娘并不认识，但是今日一见，新娘气质高雅、端庄大方。看着二位如此相爱，我为他们感到无比的开心。

对于感情来说，也许只需要两颗心就够了，但是婚姻就等于感情加职责。婚姻既是爱情的升华，也是责任的开始。结婚是人生中重要的里程碑，意味着你们要肩负起新家庭的责任，做一对模范夫妻，做合格的父母。所以，我希望________，在婚后尊重和爱护新娘，更加孝敬双方父母，在工作中继续努力，创造更好的成绩，成为公司的栋梁之材。

我还要叮嘱新娘，希望你和________今后在生活中相互关爱，在事业上相互扶持。公司非常看好________，他重任在肩，所以工作比较繁忙，希望你能做个“贤内助”，不要埋怨他，多给他理解和支持，鼓励他不断前进。

最后，请允许我代表两位新人向今天参加婚礼的各位来宾表示由衷的感谢！让我们共同祝福他们婚姻幸福、早得贵子！祝各位来宾身体健康、吉祥满堂！

谢谢大家！

贺词佳句

领导经典贺词

1. 古有仙女配董郎，今有________配________。这一对新人真的是郎才女貌，天作之合！
2. 作为新郎的领导，能够看到他在生活和工作中不断成长，日益成熟，我深感欣慰。
3. 俊男和美女的结合真可谓“才子佳人世间两美，金童玉女耀眼双星”。
4. 祝愿你们今后共同创造更加美好的新生活！让你们的父母放心，让你们的朋友放心！
5. ________和________，你们本就是天生的一对，地造的一双，而今共偕连理，一定能继往开来，创造幸福的人生！祝福你们！
6. 爱情只有附属在事业上才能常新。望你们在各自的岗位上努力工作，在今后的生活中互敬互爱，实现事业、家庭的双丰收！

6

婚宴主陪贺词

在举办婚宴时，主家会派出专门的人作为代表负责招待客人。作为婚宴上的主陪，除了要招待好客人，可能还需要致辞。致辞时需要遵循一定的礼仪，很有讲究。

范 文

活动：某新人结婚典礼

致辞人：婚宴主陪

各位来宾，女士们、先生们：

大家好！

今天我们大家欢聚一堂，共同参加________先生和________女士的新婚喜宴。我受两位新人及其家人的委托，对各位嘉宾的大驾光临表示感谢！

今天是新郎新娘人生中最重要的时刻。新郎________先生英俊潇洒、忠厚善良，新娘________女士漂亮贤惠、温柔体贴。他们是一对优秀的青年，两个人站在一起，简直是天作之合。

中国有句俗话叫“男大当婚，女大当嫁”，但是两位新人一路走来不是偶然。________年前两人结识后相知相爱，如今两个人踏着红地毯，幸福地走进了婚姻的殿堂。所谓“千里姻缘一线牵”，是前世今生的缘分，在冥冥之中早已注定，让他们手拉手、心连心地走到了一起。如今得到了双方家庭的认可，在各位来宾的见证之下，他们美满地生活在一起，也实现了父母接代传承、兴家盛业的梦想。

我相信，他们在各自的工作岗位上，是认真工作的先进标兵，在以后的家庭生活中，更是孝敬父母、相敬如宾的模范夫妻。在这个美好的日子里，让我们满怀喜悦之情，共同向这对新人致以诚挚的祝福：祝福他们婚姻幸福、爱情甜蜜、百年好合、永结同心！同时，我也祝愿在座的各位来宾身体健康、工作顺利、阖家幸福、万事如意！

最后，我提议，让我们将最热烈的掌声送给这对新人，祝福他们琴瑟和鸣、白头到老！

谢谢大家！

贺词佳句

主陪经典贺词

1. 愿你们百年恩爱双心结，千里姻缘一线牵；海枯石烂同心永结，地阔天高比翼齐飞！

2. 愿你们良宵花烛更明亮，新婚更甜蜜。真诚祝愿共浴爱河的俊男倩女，赏遍人生欢愉和甘甜。

3. 祝新郎新娘爱情之树长青，相敬相爱，和和睦睦，白头偕老！

4. 祝愿你们的爱情如莲子般坚贞，可逾千年，万载不变，岁月愈久，感情愈深。

5. 好姻缘其乐如何，夫唱妇随，儿女伴膝，鱼水相和。愿有情人抱着平安，拥着健康，揣着幸福，搂着美满。

6. 我提议，让我们共同祝愿二位新人未来的生活多姿多彩，永远幸福！

第六章

家庭庆典贺词

1

家庭庆典贺词万能模板

一、开场称呼

各位亲友

各位长辈，各位兄弟姐妹

各位亲人、朋友们

各位来宾，亲爱的朋友们

二、表达欢迎和感谢

亲爱的家人们，感谢你们抽出宝贵的时间来参加我们这个大家庭的庆祝活动，我非常高兴能和大家一起分享这个特殊的时刻。

今天，很高兴能在这里见到这么多的亲友，在此，我代表________欢迎大家的到来。

十分感谢大家在百忙之中，挤出时间光临寒舍，共同见证我的爱女、爱婿的幸福时刻。

（适用于回门宴贺词）

今天是我儿子________与________喜结良缘的大喜日子，承蒙各位亲朋好友的到来，在此表示最热烈的欢迎和最衷心的感谢！

（适用于订婚宴贺词）

三、介绍庆祝活动的主题

今天，我们聚集在这里，是为了庆祝一个重要时刻——我父亲的生日。今天的庆祝活动主要就是为了表达我们对他的爱和感激。

（适用于生日庆典活动贺词）

迎春纳福，过年求吉祥。在这喜气洋洋的日子里，我们聚在一起守岁跨年，是为了共同度过这个美好的时刻，也是为了把最真诚的祝福送给大家。

（适用于春节家庭聚会贺词）

今天我们在这里欢聚一堂，是为了共同祝贺________夫妇的乔迁之喜！

（适用于乔迁新居贺词）

今天是我爱人30岁的生日，在这里，我祝她生日快乐，永远健康、永远幸福、永远美丽！

（适用于爱人生日贺词）

四、发表感慨

一个家最重要的就是理解、包容、信任和爱。我很幸运，在我们家里这些都有。

今天的家庭聚会，将亲情、友情融为一体，过得有声有色！

这次的家庭聚会让我明白了，一家人聚在一起有多不容易！以后再有聚会的机会，我们一定要好好珍惜。

回顾过去，我们共同经历了许多美好的时刻。无论是面对困难还是分享喜悦，我们总是团结一致，携手共进。我们每个人都在成长、进步着，为这个大家庭的荣耀添砖加瓦，也为这个大家庭带来了更多的欢声笑语。

展望未来，我们将继续团结一致，相互扶持，共同面对每一个挑战和机遇。我希望未来的日子里，我们这个大家庭能够更加幸福、和谐，永远充满爱与欢笑。

感恩大家一直以来的帮助和扶持，有你们的日子阳光灿烂，有你们的生活幸福美满，我和我的家庭非常荣幸拥有你们这群亲朋好友，此时此刻我感到无比幸福和自豪。

五、结束语

再次感谢大家的到来和参与，让我们一起为这个美好的时刻欢呼吧！让我们携手共进，为这个大家庭的幸福而努力！

最后，祝他们能永结同心、白头到老！也祝各位身体健康、万事如意！谢谢大家。

（适用于订婚宴、回门宴贺词）

亲朋共享天伦乐，欢声笑语寿满堂！再一次祝愿我的爸爸福如东海长流水，寿比南山不老松！同时祝福每一个家庭幸福美满、万事顺意，祝孩子们健康成长、学业有成！谢谢大家！

（适用于老人生日庆典贺词）

2

家庭春节聚会贺词

很多家庭在春节时聚会，一来为了庆贺节日，二来为了联络感情。作为长辈，在家庭聚会上发言时，可以说一说亲朋好友和自己家的近况，给晚辈提一些希望，最后对大家致以祝福。

范文

活动：家庭春节聚会

致辞人：父亲

各位长辈，各位兄弟姐妹，侄男甥女们：

大家晚上好！很高兴大家今天能够聚在一起。为了这一天的团聚，很多身在外地的兄弟姐妹和亲友，放下忙碌的工作，携带妻儿老小，不畏路途遥远，赶在春节前回到家乡。在此，我向大家表示热烈的欢迎！

早前听家中老人说起，当初咱们________家的老祖宗在这里垦荒种地、耕读传家，养育了我们世世代代的子孙。如今，咱们这些子子孙孙，留在老家的并不多，有的奔波他乡，有的求学远方。你们之所以远离家乡，都是为了梦想、为了发展。所幸，大家如今都拥有了美满的家庭和幸福的生活。你们都是________家的骄傲。

古往今来，在我们中国人的传统观念里，最讲究的就是传承。

再过两年，我就进入花甲之年了，是时候把这个家交给下一代了。我儿子________在不久之前结婚成家，很快也将拥有自己的下一代。今后我们家的大事小情就都由他说了算，希望他能挑起这个重任。

作为晚辈中年龄最长的孩子，我希望________今后在生活中孝敬父母、尊重长辈，和兄弟姐妹们和谐相处、团结互助，在工作中积极进取、努力奋斗，为其他的同辈人做好榜样。我也希望和________同辈的侄男甥女们，都能够从父辈手里接过接力棒，建设好自己的小家庭，也不忘记咱们这个大家庭。

在这个辞旧迎新的日子里，我祝愿老一辈们健康长寿、晚年幸福，祝愿我的兄弟姐妹们笑口常开、生活幸福，祝愿侄男甥女们工作顺利、万事如意！希望咱们________家人丁兴旺、枝繁叶茂，有无数的后辈为我们家族添砖加瓦！

最后，祝大家春节快乐！谢谢大家！

贺词佳句

长辈经典贺词

1. 往日金戈铁马，今日英姿勃发，踏平坎坷羁绊，一路朝歌彩霞。
2. 抖落往年的疲惫，甩掉往年的苦恼，斩断往年的压力，迎接新年的希望，享受新年的喜庆，追逐新年的梦想。
3. 喜庆的鞭炮驱走厄运，新年的钟声祈福呈祥。祝大家新年交好运，前程似锦绣！
4. 希望晚辈们有事没事常回家看看，让老人更加放心。
5. 春回大地，万象更新。祝愿你们趁着春风，扬起理想，辉煌自己的人生！

晚辈经典贺词

1. 家是我们避风的港湾。能有这么和睦的家庭，能够聆听长辈们的教诲，是我们几世修来的福分。祝各位长辈健健康康、平平安安！
2. 我们上学的上学，工作的工作，家里所有事情都由长辈承担，你们是家里的功臣。有了你们，我们才有了稳定的后方。
3. 长辈们的关心促使我不断进步，在取得成绩的同时，我也看到了自己的不足。今后我会做得更好，更让你们满意。
4. 愿您晚年没有忧和烦，平平安安度时间；晚年没有病和痛，健健康康多吉利；晚年儿孙膝前绕，快快乐乐庆团聚。

3

老人生日贺词

给父母等长辈祝寿时，可以赞美老人取得的成绩或做出的贡献，可以对老人致以祝福和庆贺，还可以对老人表达尊敬之情。另外，说话时要庄重恭敬、彬彬有礼，一定要避免说不吉利或引起长辈不快的语言。

范 文

活动：母亲寿宴

致辞人：子女

各位长辈，各位亲朋好友：

你们好！今天是家母________岁寿辰的喜庆日子，我们全家在此欢聚一堂，为母亲大人举办寿宴，心里非常高兴。我代表我们兄妹三人以及孙子、孙女们，敬祝母亲生日快乐！对不辞辛劳光临寿宴、前来助兴的各位长辈和亲朋好友，我代表全家致以衷心的感谢！

母亲________年来含辛茹苦、辛苦操劳，才换来如今的儿孙满堂。为了养育我们兄妹，母亲吃尽了苦，操碎了心。她为了我们这个家辛勤劳作，我们都劝她颐养天年，但她总是放心不下我们这几个子女，依然关注着我们，照顾孙子孙女们。在这里，我要由衷地向母亲道一声：妈妈，您辛苦了！我们祝您永远健康、长寿！

我们这些做子女的，现在早已为人父母。“养儿方知父母恩”，当我们有了自己的孩子，才懂得父母养育我们的艰难。作为长子，我至今记得，母亲和父亲一起节衣缩食、勤俭持家，供我们读书，教我们做人。是他们教会我们如何处事、怎样做人，是他们培养我们吃苦耐劳、善良忠诚的品格。这些都是他们给予我们最宝贵的人生财富。

我们兄妹三人都有一颗感恩的心，即使难以常伴母亲左右，也都记得孝敬和回报母亲的养育之恩。今后，无论是在母亲身边，还是身在外地，我们都会更加关心母亲的生活，让母亲身体上健健康康、精神上开开心心，安享天伦之乐，安度幸福晚年。

我相信，在我们兄妹的共同努力下，母亲一定会健康长寿，家业一定会蒸蒸日上！最后，再次祝愿母亲晚年幸福安康！恭祝各位亲友工作顺利、身体健康！

贺词佳句

儿女经典贺词

1. 我们过去对您的严厉多有误会，现在才知道那是您对儿女的“爱”，“爱之深，责之切”，目的是希望儿女成材。
2. “谁言寸草心，报得三春晖”，我在这里深深鞠躬，向您表达内心的感恩之情。
3. 西方有句谚语叫“60 岁才刚刚开始”，60 岁是一个新的起点。希望父亲 / 母亲能永远以年轻的心态面对生活、享受生活。
4. 在这个喜庆的时刻，我要真诚地祝愿父亲 / 母亲身体安康、心情舒畅，福如东海长流水，寿比南山不老松！

孙子孙女经典贺词

1. 一拜，祝老寿星寿比天高、福比海深；二拜，祝老寿星日月同辉、春秋不老；三拜，祝老寿星天伦永享、福星高照！
2. ______岁的爷爷 / 奶奶拥有一颗 20 岁的心，精神矍铄、老当益壮，祝愿爷爷 / 奶奶越活越年轻，越活越开心！
3. 在今天这个只属于爷爷 / 奶奶的美好日子里，我祝愿老寿星生日快乐、福星高照！
4. 祝愿爷爷 / 奶奶“如日之恒，如月之升，如南山之寿，不骞不崩，如松柏之茂，无不尔或承”！

4

爱人生日贺词

爱人是和自己牵手一生的人，他 / 她的生日不应该被忘记。借着给爱人过生日的时机，不仅可以向大家展示家庭的和睦，还可以让两个人的关系更加稳固。

范　文

活动：妻子生日聚会

致辞人：丈夫

各位亲人，朋友们：

大家好！

今天我太太迎来了她的 30 岁生日，感谢大家来参加我太太的生日会。其实我不会讲什么好听的话，但是今天这么重要的日子，就让我对我亲爱的太太说上几句。

老婆，自从结婚以来，你为我付出了很多。你以前是一个十指不沾阳春水的女孩，可是现在你学会了洗衣服、做饭，不但把家务打理得井井有条，还把我们的儿子养育得聪明健康。我知道你付出了很多心血。我要说：老婆，你辛苦了！从今天开始，你不许再这么辛苦了，换我和儿子来照顾你。

老婆，你说你不喜欢过生日，每过一次你就老了一岁。但是，在我的心里，你永远都是最美丽的女人。我要陪你过今后的每一个生日，一起慢慢变老。

很多人说，再热烈如火的爱情，经过几年的生活磋磨之后也会慢慢消逝，但是我们却执着地坚守着我们的爱情。我们曾经是那样充满朝气，带着爱情和信任走入婚姻。我要感谢你给了我现在拥有的一切。当初我们美好的憧憬，现在都在一一实现。我会竭尽全力让你过上幸福的生活，请你相信我。老婆，我爱你！

我还要特别感谢我的岳父岳母，是他们养育了这么勤劳善良、通情达理的女儿。是她给了我一个温暖的家，和我一起为了这个家辛苦打拼，让我过上了安稳的生活。我为娶到这样的媳妇感到荣幸。

最后，祝我亲爱的老婆永远年轻漂亮，永远无忧无虑！我也给在座的各位送上祝福，祝大家生活幸福、工作顺利！

贺词佳句

丈夫经典贺词

1. 岁月悠长，山河无恙，愿我们常相伴。亲爱的老婆，生日快乐！
2. 眼里有你，所以满眼幸福；生活有你，所以快乐无限。爱你是我一生的承诺，愿与你携手到永远。
3. 老婆，你好像天上的太阳，照亮了我的人生。你是世上最好的女人，祝愿你生日快乐，一辈子开心幸福！
4. 深情不及久伴，厚爱无须多言。简单一句，祝老婆生日快乐。

妻子经典贺词

1. 感谢这个日子，为我送来了你。你的生日我永远不会忘记。亲爱的老公，祝你生日快乐！
2. 虽然时光飞逝，但对你的爱未曾消减；虽然季节变换，但你依旧是我最爱的人。亲爱的老公，生日快乐！
3. 老公你是大树，为我遮风挡雨；你是太阳，为我照亮前程。老公，愿你吉祥如意每一天，生日快乐！
4. 在这个特殊的日子里，我想告诉你，你的爱使我的生命变得更加多彩。老公，生日快乐！

5

朋友生日贺词

每个人都有一个属于自己的特殊日子值得纪念，那就是生日。朋友的生日也是不能忽视的重要日子，想要让友谊更加牢固，就要在好友生日聚会上说好贺词，让宾主尽欢。

范文

活动：某人生日聚会

致辞人：朋友

各位来宾，亲爱的朋友们：

晚上好！

在这个美好的日子里，我们迎来了________的生日。能代表各位来宾在这里致辞，我十分荣幸。请允许我向________送上最真诚的祝福：祝你生日快乐！

俗话说得好，在家靠父母，出门靠朋友。没有朋友的生活就像一杯没有加糖的咖啡，苦涩难咽，还有淡淡的哀愁。在这个世界上，人不能没有父母，也不能没有朋友。有了朋友，我们在欢乐的时候有人与我们分享，悲伤的时候有人听我们倾诉。没有朋友，我们的人生只剩下寂寞，生活也没有乐趣。

我和________认识十多年了。他热情开朗、诚实守信、待人随和，身上有很多值得我学习的优点。我这个人比较内向，没什么朋友，是________鼓励我多和别人交流，有什么活动都不忘带上我，让我变得渐渐开朗起来。

他这个人还特别乐于助人。我刚刚去外地工作时，生活非常拮据，每天只能啃馒头、吃泡面，连房租都快付不起了。我和________说了这件事后，他二话不说就给我转了一笔钱过来。后来我才知道，他其实也没有多少钱。我真的是非常感动。当时我就下定决心，一定要和________做一辈子的朋友。能够拥有这样一个好朋友，我非常幸运，也非常骄傲。

人生在世，能有所依靠的，无非就是家人和朋友。朋友是我们走在滂沱大雨中时手里撑着的一把雨伞，朋友是吹开我们心中阴霾的一缕春风，朋友是我们在天寒地冻时手里捧着的一杯热茶。朋友既是我们前进路上的明灯，也是我们人生中的伙伴。

来吧，各位朋友，让我们一起祝________生日快乐、事事顺利、永远幸福，祝福我们友谊长存！

谢谢大家！

贺词佳句

朋友经典贺词

1. “生”逢盛世，“日”新月异，“快”乐生活，“乐”不思蜀。祝你生日快乐、幸福美满、生活如意、工作顺心、事业有成、万事大吉！
2. 愿你时时刻刻有快乐相随，分分秒秒与好运相遇，日日夜夜与安康为伴，年年岁岁有幸福开颜，朝朝暮暮有如意携腕。生日快乐，愿开心常与你做伴！
3. 特别的日子，特别的祝福，送给过生日的你。希望长大一岁的你更成熟、更顺利、更成功！
4. 时令交替月更新，你的生日难忘记，福禄寿喜今日齐，好人一生皆如意！
5. 生日快乐！所有的祝愿都是愿你所想的，愿你所要的，愿你所望的，都能实现。
6. 浩瀚星空，闪烁着点点荧光；每一丝亮光，都承载着绮丽梦想，祝福你今天许下的每一个心愿，都能一一实现。生日快乐，开心无限！

①
朋友，有句话今天再不说就没机会了。
什么话啊？
②
祝你生日快乐！
你吓我一跳，还有别的吗？
③
希望你的生日像你的头发一样，越来越多。
最好还是别像头发，越掉越多。
④
不用担心，年龄只是数字，你的智商还是那么高。
请不要告诉我，我又老了一岁。

6

孩子满月宴贺词

父母在孩子满月宴上致辞时，除了要和大家共同分享喜悦之外，还可以向孩子的爷爷奶奶、外公外婆，以及给予过自己帮助的亲朋好友致以感谢。这样不仅能显示自己有感恩之心，还能让大家都感到开心。

范　文

活动：女儿满月宴

致辞人：父亲

各位来宾，各位长辈，各位亲朋好友：

大家好！今天是我家女儿________的满月之日，十分感激大家来到这里，出席我女儿的满月宴。首先，请允许我代表我的父母、妻子和女儿，向所有的来宾表示真诚的感谢！

本人上月喜得爱女，女儿出生于______年______月______日______时______分。女儿的诞生给我和我的家庭带来了无比的喜悦，给我们的生活增添了无尽的欢乐。我希望在座的各位和我们一起分享这份喜悦，期望喜悦的气氛感染在座的每一个人。

虽然为人父母只有短短的一个月时间，但是我和妻子对于“养儿方知父母恩”这句古语已经有了更深刻的理解和体会。我既体会到了做父亲的快乐，也体会到了做父亲的艰辛。对于生养我们的父母，我们更要怀有一颗感恩之心。在此，我要向双方父母在育儿过程中的不辞辛苦和无私奉献表示由衷的感激，还要向老婆大人在生产过程中忍受的巨大痛苦表示深深的感谢。

从孩子呱呱坠地的那一天开始，一个月以来我们全家忙得不亦乐乎，但是每个人的脸上都是笑容。巨大的幸福感流淌在我们家每一个人的心里。现在，我想对女儿说："孩子，有爱你的爸爸妈妈，有这么多关心你的亲人，你一定会生活在幸福和欢笑之中！"

在女儿出生后，各位亲朋好友给了我们家很多的关心、支持和帮助。大家的关心和厚爱，我们都铭记在心。

最后，我祝愿女儿健康成长、一生幸福！真诚地希望，在今后的岁月里，各位亲人能够一如既往地关心和帮助我们，关爱和支持我们的女儿。同时，我也祝愿在座的亲朋好友生活愉快、工作顺利！

贺词佳句

孩子父亲经典贺词

1. 我和妻子有了宝宝，升级做了父母，这是我们家一件具有里程碑意义的大事。
2. 借爱子 / 女满月之喜，我要感恩父母的生养之恩，感谢亲友的关爱，感谢爱妻的无怨无悔，祝福爱子 / 女快乐成长。

孩子母亲经典贺词

1. 孩子的降临，让我成为一个母亲。身份的转变，让我的人生更加圆满。
2. 托各位亲朋好友的福，孩子在你们的关爱和祝福下越来越活泼可爱。

孩子祖父母 / 外祖父母经典贺词

1. 感谢各位宾朋的到来，你们的到来让寒舍蓬荜生辉，你们是我孙子 / 女满月的见证。
2. 今天的满月宴，第一是为了答谢，感谢诸位的帮助；第二是为了分享，与大家同喜同乐；第三是为了祝福，祝我孙子 / 女健康成长。
3. 今后，盼望各位亲朋好友将关爱的目光投向我的外孙 / 外孙女。
4. 小生命的降生，标志着我们这一辈人应尽的责任，已经画上了句号。抚养第三代的接力棒从此交给他的父母。

7

子女升学宴贺词

升学宴是为了庆祝孩子升学而举办的宴会。作为父母，在孩子的升学宴上致辞时，首先要表达自己喜悦的心情，其次要向孩子的老师表示感谢，并且还要感谢曾经给过孩子帮助的亲朋好友，最后给孩子提一些希望和建议。

范 文

活动：儿子升学宴

致辞人：父亲

尊敬的各位亲朋好友、各位来宾：

大家好！俗话说得好，人生最大的喜事莫过于洞房花烛夜，金榜题名时。恰好，今天就是我儿子金榜题名的大好日子。首先，我要代表我们全家对在场的各位老师、亲人、朋友在百忙之中抽出时间前来捧场表示最衷心的感谢！

我要向各位报告一个好消息，我儿子________已经考上了________大学。作为父亲，孩子能够考出这么优异的成绩，我感到很激动，既骄傲又自豪。孩子从小就立志要考上________大学，没想到如今竟然考上了，可以说是梦想成真。我和孩子的妈妈都非常高兴。这不仅是我们一家的光荣，也是我们________氏家族的荣耀。所以，我今天在此宴请各位，请大家来分享我们的喜悦和快乐，希望大家一起度过这美好的一天。

我们知道，孩子能够取得如此好的成绩，除了他自己的努力之外，离不开教育过他的所有老师。有了老师们的谆谆教诲和耐心指导，孩子才有了今天的成绩。在此，我郑重地向孩子的班主任和其他老师致谢，谢谢你们的栽培和教育！

孩子在从小到大的求学生涯中，得到过很多亲朋好友的关心与呵护。对于大家的鼎力相助，我在这里一并致以谢意。

我还想对儿子说："儿子，你考上了大学，我要向你表示衷心的祝贺。金榜题名只是你人生路上的第一步。我希望你以此为一个新的台阶，继续好好地学习，不骄不躁，再接再厉，争取成为咱们家和国家的有用之材。"

最后，我要感谢多年来一直关心和支持我们的每一位亲朋好友和师长，祝福大家心想事成、万事如意！

谢谢大家！

贺词佳句

父母经典贺词

1. 孩子是我们生命的延续，更是我们的希望和未来。如今他能够金榜题名，作为母亲，我感到分外喜悦和幸福。
2. 儿子 / 女儿，你已经通过自己的努力，拿到这张人生的入场券了，恭喜你！
3. 孩子，从今以后，你的人生将翻开崭新的一页。为了实现更大的理想，你要扬帆远航了！

老师经典贺词

1. 在这十几年的学习生涯中，你努力刻苦，奋力拼搏，付出了许多艰辛，承受了许多压力，如今你的付出终于得到了丰厚的回报。
2. 恭喜你终于以优异的成绩如愿考入________大学，实现了人生的第一个愿望！
3. 相信你能以大学生活为起点，珍惜宝贵的时光，磨砺自己、充实自己、提高自己！

亲朋好友经典贺词

1. 希望你升入大学后，能继续用优异的成绩回报父母，成为一个自尊、自爱、自立、自强的好小伙 / 姑娘。
2. ________大学的学习生活只是你人生中的一个驿站，因为我知道你有实力、有能力也有潜力读硕、攻博。
3. 你现在通过自己的努力有了一个高起点，希望你在接下来的日子里，由此出发，为自己打造一个不一样的人生！

第七章

校园庆典贺词

1

校园庆典贺词万能模板

一、开场称呼

老师们、同学们

各位家长、各位老师，亲爱的同学们

尊敬的校领导、老师们、同学们

各位领导、各位来宾，老师们、同学们

二、表达欢迎和祝福

在这个喜迎收获的金秋时节，伴随着九月的第一缕阳光，我们迎来了充满希望的新学年！首先请允许我代表学校向全体师生表示热烈的欢迎！

（适用于开学庆典贺词）

过了一个愉快的寒假，我们迎来了新学年的开学典礼，在这里，我向全体同学表达我最美好的祝愿：祝愿大家身体健康，学业有成！

（适用于开学庆典贺词）

首先，请允许我代表初三全体老师向圆满完成初中学业，即将步入理想高中的________届毕业班同学致以真诚的祝贺！

（适用于毕业庆典贺词）

三、回顾过去

在过去的一学期里，我们共同努力，取得了许多成就。我们的学生们在学习上取得了优异的成绩，我们的老师们也在教学方面取得了显著的进步。在新学期里，我们要继续努力，为实现更高的目标而奋斗。

（适用于开学庆典贺词）

回顾过去的一年，我们不仅顺利地完成了教育教学任务，而且还取得了优异的成绩，我校共有______多名同学先后在奥数、绘画、国学、英语等多项比赛中获得了奖项！

（适用于开学庆典贺词）

岁月荏苒，时光飞逝。高中的日子转眼将成为生命长河中的一段记忆。但我要说，高中生活，是一种财富，未来的日子，激情无限！

（适用于毕业庆典贺词）

四、表达祝贺和感谢

我提议让我们用最热烈的掌声，向所有取得优异成绩的老师和同学们表示祝贺！同时也让我们再次把掌声送给自己，祝贺自己在过去的一年里取得的进步！

（适用于开学庆典贺词）

忘不了，老师生病时你们发自肺腑的关心，忘不了，你们为学校的发展献言献策，更忘不了你们为了自己的希望和理想努力拼搏、斗志昂扬的样子！都说教学相长，感谢你们给我带来的巨大精神财富！感谢你们陪我度过的这段宝贵的时光！

（适用于毕业庆典贺词）

五、展望未来

成绩已经属于过去，新学期的钟声即将响起！新学年，让我们继续完成好我们的学习任务，用知识改变命运，用学识丰富人生，用智慧创造未来！让我们通过学习文化知识提高我们的人生境界，努力把自己培养成为一个道德高尚的人！

（适用于开学庆典贺词）

心有多宽，天地就有多宽；心有多大，成功的机会就有多大！我相信，明天，母校一定会以你们为荣！

（适用于毕业庆典贺词）

六、结束语

同学们，少壮不努力，老大徒伤悲！欲穷千里目，更上一层楼！让我们在知识的海洋里尽情遨游，在书香四溢的校园里不断收获和进步！谢谢大家！

（适用于开学庆典贺词）

不要迷茫，不再彷徨，让我们挺起胸膛，迈出坚定的步伐，信心百倍地去迎接更加灿烂的明天！谢谢大家！

（适用于开学庆典贺词）

最后，请大家带上母校的祝福，带上父母和老师的期望，勇敢而坚定地踏上新的征程！谢谢大家！

（适用于毕业庆典贺词）

2

开学典礼校长贺词

通常，学校会在新学期举行开学典礼。作为校长，在典礼上致辞时，可以回顾上学期的情况，总结上学期的成绩，还可以陈述本学期的工作安排，并对老师和同学们提出建议和要求。

范 文

活动：某中学开学典礼
致辞人：中学校长

尊敬的各位来宾、各位家长，亲爱的老师们、同学们：

大家早上好！今天是________月________日，是新学期开学的第一天。刚刚度过了一个充实愉快的假期，大家又回到了熟悉又美丽的校园，又要开始新一学期紧张又快乐的校园生活。在这里，我代表全校教职员工欢迎你们回来。

同学们，在这个新学年里，我们迎来了________位新老师和________名新同学。他们的到来将给我们的校园增添更多的活力，让我们将热烈的掌声送给他们，欢迎他们成为________中学的新成员。

在过去的一年，我们有希望、有收获，但是也不乏遗憾和失落。成绩我不再多说，因为未来还有新的挑战在等着我们。同学们，在新学期里，我代表学校向大家提出一些希望和要求：

第一，我希望同学们能够摆脱被动的学习状态，明确自己的学习目标，掌握正确的学习方法，养成良好的学习习惯。变被动为主动，才能做学习的主人。

第二，我希望大家自觉遵守纪律，语言文明，行为文明，培养良好的行为习惯和生活习惯，遵守学生守则和学校的规章制度，做一个诚实守信、文明礼貌的好学生。

新学期，我希望全体教职员工能够继续爱岗敬业、团结奋斗，本着对学生负责的态度，尽职尽责地做好本职工作，培养出更多优秀的学生。

各位家长朋友们，愿你们能和我们学校统一行动，抱着一致的信念，发挥家校合作的正能量，促进每一位学生充分发展。

让我们以饱满的热情去迎接新的挑战，学校的奋斗目标和美好前景必然能够实现。最后，祝各位教师工作顺利，祝各位同学学有所成，祝各位家长事业顺遂！

谢谢大家！

贺词佳句

校长经典贺词

1. 家长朋友们，老师们，同学们，让我们在共同的愿景下，携手并肩，将每一位学生培养成才。
2. 新学期伊始，希望同学们百尺竿头，更进一步。
3. 在今天的开学典礼上，我送给大家八个大字，那就是“感恩、勤奋、乐观、不懈”。望大家共勉！

老师经典贺词

1. 俗话说，良好的开端是成功的一半，希望同学们在新学期伊始能够开一个好头。
2. ________是人生成长的重要阶段。希望同学们立下雄心壮志，把自己的人生目标定位到成才的坐标系上。
3. 新学期，我们每一位老师都期盼着同学们健康成长，能以崭新的姿态和饱满的精神投入到新的学习中去。

家长经典贺词

1. 孩子进入学校________年以来，勤奋好学，不断进步。借此机会，我要向各位老师和学校领导对孩子的辛勤教育表示感谢。
2. 贵校的办学宗旨、务实精神和开拓精神，让孩子受益匪浅。
3. ________有优秀的老师，有优美的环境，有良好的学风，我相信各年级的同学都会非常喜欢________这个大家庭。

3

毕业典礼学生贺词

在校学生完成学业后，学校会举行毕业典礼。毕业生发言时，可以回忆在学校时的学习情况、与同学们的相处时光，感谢学校和老师的谆谆教诲，最后祝福同学、老师及学校。

范　文

活动：某大学毕业典礼

致辞人：毕业生代表

尊敬的各位老师，亲爱的各位同学：

大家好！我是________大学________专业本科毕业生________。今天是我们向母校挥手告别的日子，也是我们各奔东西，开启新征程的日子。在这个离别的时刻，能代表全体毕业生发言，我既深感荣幸，又百感交集。

首先，请允许我代表全体毕业生向辛勤培育我们的各位领导、老师、工作人员，表示最衷心的感谢；向多年来默默支持我们的父母，表示最崇高的敬意；向四年来朝夕相处的兄弟姐妹们，表示最真诚的祝福！

四年的大学时光虽然短暂，却很精彩，无数个日日夜夜承载着我们太多的回忆。我们一起通宵熬夜，一起欢笑、悲伤、争吵、和解。我们不会忘记考试前的辛苦复习，更无法忘记前几天为论文又大了几圈的脑袋……我们经历了很多，成长了很多，不再自命不凡、愤世嫉俗，而是能更成熟地看待问题、处理问题。

记得刚入学时，我还是一个极其平凡的学生，但是在求学期间，我有幸担任过______，获得过奖学金和“优秀学生”的称号，感觉自己得到了很多历练。这些成绩离不开学校和老师的培养与支持。入学以来，我们见证了学校的高速发展，见证了______学子们在各种竞赛中获得荣誉。我和我的同学们在学校里体会到了关怀和温暖，明白了责任与担当。相信我们在______大学的收获将会成为我们一生的财富。

同学们，毕业后我们将面临新的人生挑战，让我们牢记母校的教诲，脚踏实地，以坚定的步伐继续前进！

值此毕业之际，再次祝愿老师们身体健康，祝愿同学们前程似锦，祝福母校桃李满园！

谢谢大家！

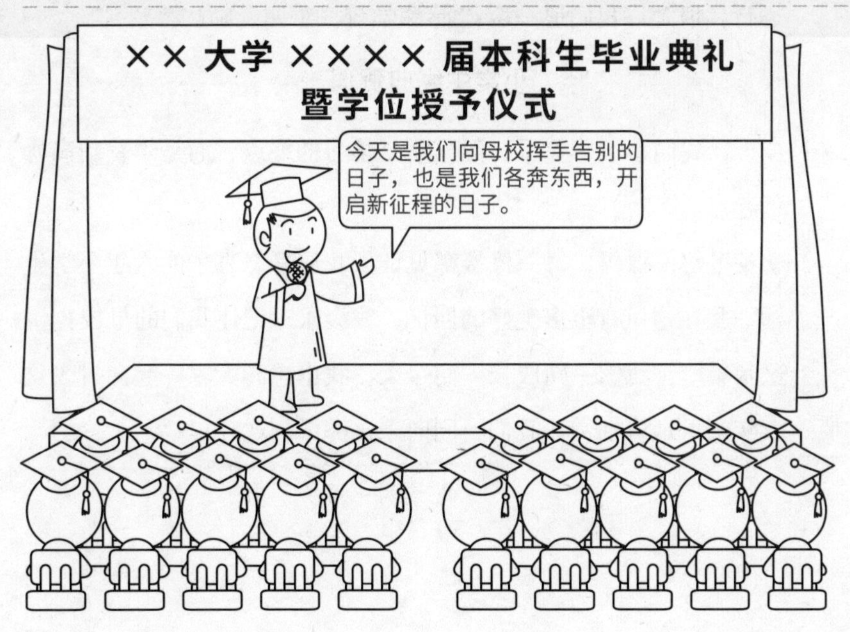

贺词佳句

大学生经典贺词

1. 四年前，________大学在我们心里是一座神圣的殿堂，我们在外头，它在里头。四年后，这里成为我们扬帆起航的码头。
2. 马丁·路德·金说，他有一个梦想。现在我们所有人都有一个梦想，从今天开始，我们就要去追逐我们的梦想。
3. 今朝毕业，不诉离伤；他日重逢，各领风骚！

中学生经典贺词

1. 感谢老师和同学们的陪伴，在今后的生活中或许再也见不到你们了，但有你们的存在，我的高中生活才有了意义。
2. 高中培养了我们，造就了我们，我们有微笑、有欢乐，有失落、有忧伤。我们站在毕业的分岔口，要对学弟学妹们说一句："加油！"
3. 初中三年我们从懵懂走向成熟，从无知走向理智。如今学生即将远行，请允许我们道一声："感谢学校，感谢老师！"

小学生经典贺词

1. 今天，我们小学毕业了，但这不是学习的终点，而是攀登新高峰的起点。
2. 学校里每一棵树、每一栋楼都见证了我们喜怒哀乐的六年小学生活。我在这里有很多美好的回忆，我会永远记住我们的母校！
3. 这六年里，我们一同成长。而今天，我也想和大家一起向过去这六年郑重地告别，让我们一同向未来挥手、欢呼！

4

毕业典礼校长贺词

在毕业典礼上，校长一定会代表学校进行讲话。作为校长，在致辞时，主要是回忆学生们的求学生涯和校园时光，然后对学生们进行嘱托、提出希望，祝福学生们在未来的学习和工作中前途无量。

范文

活动：某高中毕业典礼

致辞人：高中校长

尊敬的各位家长、各位老师，亲爱的同学们：

大家好！今天______中______届全体毕业班师生齐聚一堂，部分家长远道而来，参加我们隆重的毕业典礼。我很高兴，能和全体老师、家长们共同见证又一批优秀的学生告别母校，开始青春的远航。在此，我代表学校和全体在校师生，向圆满完成高中学业的全体毕业生表示热烈的祝贺！向三年来辛勤付出的高三年级老师们表示衷心的感谢！

作为校长，有幸陪伴同学们走过璀璨的青春年华，我倍感幸福。正是因为你们的到来，学校充满了蓬勃的朝气和希望。你们的勤奋和活力让老师们充满了工作的激情和创造力。我相信，你们这三年来的成长轨迹，将被永远铭刻在每一位老师的心中，也镌刻在

________中学的历史中。

三年的青春岁月，一千多个日日夜夜，同学们在这里既有学习的艰辛，也有收获的喜悦，既有青春的烦恼，也有成长的欢乐。回想三年前的那个夏天，你们踏入________中学的校园时，还是那般稚弱懵懂。经过三年的奋力拼搏和励志磨炼，你们已经一点点地成熟起来。我相信，这三年的高中生活必定会成为你们人生中美好的回忆。

同学们，今天你们就要离开校园，开始大学生涯。纵然千般不舍，我依然要给予大家真诚的嘱托：在未来的日子里，希望大家不管在哪里读书，都能勤奋刻苦、积极向上，面对艰难险阻，绝不轻言放弃。希望你们不管从事哪种职业，都能踏实工作，用健康乐观的心态去面对困境，不要失望和气馁。

母校会永远祝福你们！最后，衷心祝愿同学们梦想成真、前程似锦，祝愿老师们工作顺利、身体健康！

谢谢大家！

贺词佳句

校长经典贺词

1. 在你们即将告别母校的时候，我想对大家说，________中学将是你们永远的家，欢迎大家经常回来看看。
2. 同学们，告别熟悉的校园，告别朝夕相处的老师、同学，无限广阔而美好的前景正展现在你们面前。
3. 母校衷心祝福你们在今后的学习和工作中不断进步，希望你们和母校一样，每天都有新的发展和变化。
4. 母校的大门永远为你们敞开，母校永远以你们为荣。
5. 孩子们，你们乘坐的“高中时光”列车即将到站，请携带好所有回忆，各自珍重。从此，你们有了一个新的身份——________中校友。

老师经典贺词

1. 我希望同学们永远珍藏这段在母校期间的难忘岁月，永远不要忘记老师对你们的殷切期望。
2. 今天是你们走向未来的开始，是你们选择另一段人生道路与跋涉的开始，祝愿你们未来的路越走越好！
3. 我期待离开母校的你们能情系母校、回馈母校，以各自不同的方式为母校增光，为母校添彩。
4. “长风破浪会有时，直挂云帆济沧海”，作为你们的老师，我相信你们，祝福你们！
5. 老师们会永远记住你们青春的笑脸、青春的热情、青春的风采！

①
开学日到了，祝你开学快乐！
××中学
谢谢您的祝福，我一定努力学习！
②
开学了，祝你在新学期学习进步！
谢谢，希望你新学期取得好成绩！
③
毕业了，祝你前程似锦、永远开心！
感谢老师教会我知识和做人的道理，祝您身体健康，桃李满天下！
④
毕业以后，希望你能实现自己的梦想，不要忘记我们这些老同学。
谢谢，祝你一切顺利、前途无量。

5

毕业典礼家长贺词

孩子的毕业典礼，有时候也会邀请家长参与并致辞。在致辞时，家长要对所有孩子表示祝福，对学校和老师表达感谢，还可以回忆孩子在学校的难忘经历。

范 文

活动：某小学毕业典礼

致辞人：毕业生母亲

尊敬的校领导，老师们、家长们、同学们：

大家好！我是______年______班______同学的妈妈。我非常荣幸能够站在这里代表学生家长发言。

今天，对于我们所有人来说，都是一个意义非凡的日子。看着孩子们一张张的笑脸，我回想起六年前的那个早上，我将她送进______小学的校园。那时的她对校园生活充满好奇，我心中也充满了期待。如今，这些孩子朝气蓬勃，他们已经从六年前的幼苗，长成了一棵棵生机勃勃的小树。我既满足，又为他们感到开心。

说到这里，我要感谢学校和老师们，感谢你们为孩子们付出的爱心和热情，感谢你们为孩子们付出的汗水和努力。在这六年中，你们的无私奉献，我们有目共睹。是你们教给孩子们知识和做人的道理，关心他们的身心健康，帮助他们战胜困难。借此机会，请允许我代表所有学生家长向学校和老师们表示由衷的感谢和崇高的敬意！

同学们，你们在________小学完成了学业。现在，你们即将一起告别母校，进入初中继续深造，从此开启人生的新篇章。我就像六年前一样，再次充满了期待。但我知道，你们已经从幼稚走向了成熟，懂得了很多道理。我们作为家长，感到无比欣慰。

无论你们将去哪所学校继续学习，我代表所有家长祝福你们，祝愿你们每一个人，通过不断的学习，树立远大的理想和目标。祝愿你们在更加广阔的天地上振翅翱翔、放飞梦想、健康成长！

最后，我代表全体毕业生家长，衷心希望所有孩子们在初中阶段继续努力学习，实现梦想，祝福________小学的校领导和老师们桃李满天下，希望学校越办越好！

谢谢大家！

贺词佳句

家长经典贺词

1. 带着你的自信，带着你的开朗，带着你的毅力，还有我的祝福，你一定能够驶向理想的彼岸。
2. 天行健，君子以自强不息。希望你们斗志昂扬，像雄鹰一样搏击长空！
3. 我坚信，在今后的人生中，你们一定能够披荆斩棘、乘风破浪，穿越一片片险滩，继续追寻胜利的曙光！
4. 我要向今天毕业典礼的主角——全体同学表示祝贺，祝贺你们________学旅程的完美结束，祝福你们即将开始的人生旅途更加精彩。
5. 孩子们，今天，让我们为你们打点行装，送你们踏上新的征程。无论何时，父母、老师都是你们永远的支持者。
6. 你是花季的蓓蕾，你是展翅的雄鹰，明天是你们的，世界因你们而更加美好。
7. 孩子们，未来在你们手中。愿你们永怀感恩之心，奋发向上，努力拼搏，开创美好的明天！
8. 不管将来你们飞得多高、走得多远，希望你们不要忘记你们的母校，不要忘记你们的恩师，希望你们鼓足风帆，奋力远航，载着梦想之舟驶向成功的彼岸。
9. 天高任鸟飞，海阔凭鱼跃。祝愿你们今后能够靠自己的努力实现自己的梦想。
10. 孩子，你要心存感激，永远牢记老师的教诲，并时常想起同学们的友谊，这将是你人生中一笔宝贵的财富。

6

校园运动会贺词

学校为了提高学生的身体素质，会在校内举办运动会。运动会贺词要让学生们明白体育运动的意义和作用，鼓励参赛的学生们取得佳绩，激励裁判和工作人员认真履行职责。

范　文

活动：某中学运动会开幕式

致辞人：中学校长

尊敬的各位领导、各位来宾，老师们、同学们：

大家好！在这个春光明媚、生机盎然的日子里，我们迎来了________中学________年的春季运动会。我谨代表学校向大会致以热烈的祝贺，向光临我校的嘉宾致以热烈的欢迎，向参加这次运动会的同学们致以诚挚的慰问！

时代在进步，社会在发展。新时代的青少年，不仅要有知识和技能，还要有健康的心理和强壮的体魄。学校举办运动会，不仅是为了增强同学们的体质，更是为了激发同学们强烈的集体精神，培养同学们自强不息、坚韧不拔的意志和战胜困难的决心。

我校的运动队在体育老师的带领下，曾经在历届全区中学生运动会上获得过优异成绩。我相信，同学们在今天这场运动会上，一定也会大显身手、勇破纪录，并且在学校组织的各项活动中强身健体，成为全面发展的优秀人才。

这次运动会是对同学们心理素质、身体素质、体育竞技水平的一次检验，也是对全体同学精神风貌和组织纪律性的检阅。我希望大家能够以体育为纽带，以比赛促友谊，发挥团队协作精神和奉献精神，构建和谐校园。

我衷心希望全体同学弘扬奥运精神，赛出风格，赛出水平，为班集体争光，尽情在运动场上展现你们闪亮的青春；希望全体裁判员认真负责，公正、公平裁判；希望全体工作人员尽职尽责，为大会做好服务工作。让我们共同努力把本届运动会办成安全、文明、团结、进步的盛会！

最后，预祝本届运动会圆满成功！

谢谢大家！

贺词佳句

校长经典贺词

1. 一个合格的________学生必然是一个全面发展、自我完善的学生，是一个无论在考场上还是运动场上都能勇攀高峰的学生。
2. 同学们，你们正处在长身体、长知识、长才干的黄金时期，积极参加体育锻炼，增强身体素质是你们实现理想的重要基础。
3. 今天，同学们在田径场上拼搏；明天，你们将在世界大潮中冲浪。
4. 运动会为同学们自主发展、张扬个性、展示特长提供了平台，希望大家能实现竞赛成绩和精神文明的双丰收。
5. 同学们，健康在于运动，你们正处于身体发育时期，更需要运动。祝愿大家在运动会上收获健康、收获友谊！

来宾经典贺词

1. 希望同学们把奋发上进、力争上游的体育精神融入学习和生活中，在学习中永远保持积极进取的拼搏精神，在生活中永远保持乐观健康的心态。
2. 希望全体运动员发扬“更高、更快、更强”的奥运精神，勇于拼搏，赛出成绩。
3. 同学们，在你们这样如花般含苞待放的年纪，长身体比长知识更重要。

家长经典贺词

1. 孩子们，请你们尽情地奔跑，尽情地跳跃吧！
2. 热爱运动的孩子，一定是热爱生活的孩子，而热爱生活的孩子一定爱学习、会学习，一定是聪明健康的孩子。

7

校园文化节贺词

学校为了丰富校园文化生活，会举办校园文化节。作为校长，在文化节上致辞时，要让学生们明白学校举办文化节的意义，同时对学生们提出期望和要求，向参与文化节的学生和老师致以谢意。

范 文

活动：某中学文化艺术节闭幕式

致辞人：中学校长

尊敬的领导、来宾，亲爱的老师们、同学们：

大家好！我校第________届文化艺术节伴随着同学们精彩的文艺汇演，将在今天落下帷幕。在此，我代表学校对本届文化艺术节的成功举办表示热烈的祝贺！向组织和参与本届文化艺术节的各位老师和同学表示衷心的感谢！

本届文化艺术节的各项活动及节目十分丰富精彩，包括书法绘画展、各年级合唱比赛、诗歌朗诵比赛、课本剧展演、手抄报评比等。在这些活动中，同学们用精湛的技艺、多彩的笔墨书写了他们对人生、对艺术的感悟；用激扬的歌声、饱满的热忱歌颂祖国，表达了他们对祖国的热爱；用饱含深情的诗句赞颂了祖国的强大，极大地增强了同学们的民族自豪感和自信心；用聪慧的头脑编排出许多创意新、水平高的文艺节目，涌现出了许多艺术人才。

在过去一个多月的时间里，广大师生以极大的热情参与了丰富多彩的活动，不仅活跃了同学们的业余生活，锻炼了同学们的能力和创造力，还给同学们提供了一个张扬个性、施展才华的舞台。同时，大家也受到了良好的艺术教育和美的熏陶。

为了这届校园文化艺术节，很多老师加班加点地参与活动的组织和策划工作。很多同学虽然没有机会展示他们的作品和才华，但是也参与了环境卫生的清理和布置工作。在这里，我提议用掌声感谢这些在幕后默默奉献的老师和同学们。

老师们，同学们，愿大家能够保持这种良好的氛围，在今后的工作和学习中，以饱满的热忱和昂扬的斗志为________中学的发展做出更多、更大的贡献。

现在，我宣布，________中学第________届校园文化艺术节圆满闭幕！感谢大家！

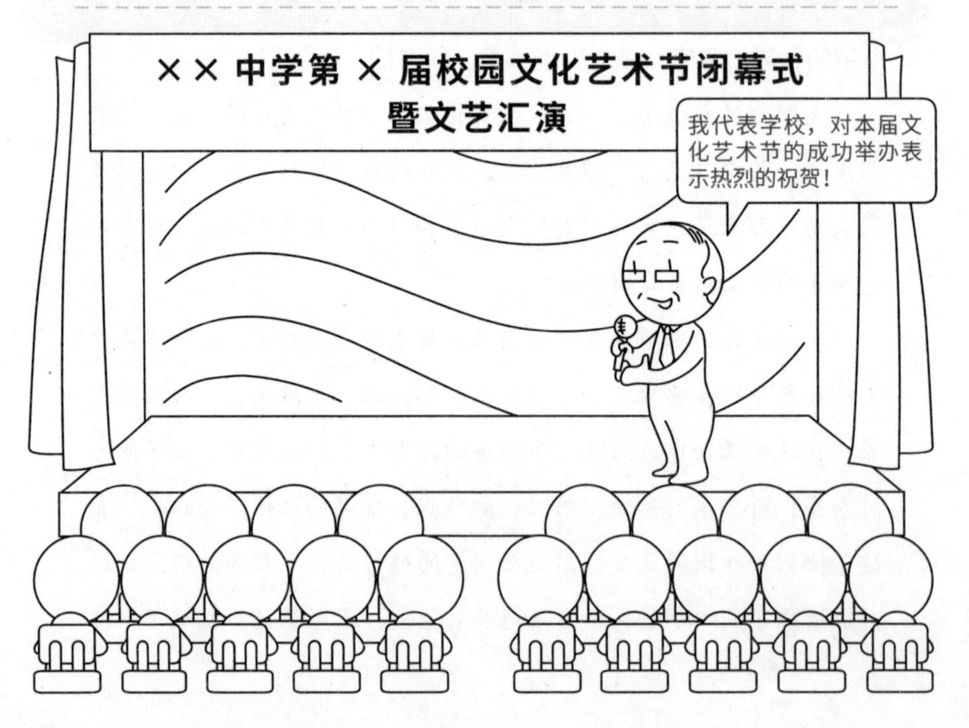

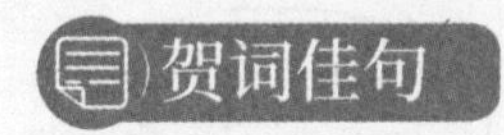

校长经典贺词

1. 同学们，第________届校园文化艺术节虽然即将闭幕，但是我们的文化艺术之花永开不败！愿艺术之花香满校园！
2. 艺术节的时间是有限的，但艺术的空间却是无限的。期望全体同学在艺术的天地里不断追求，获得更大的进步！
3. 此次校园艺术节活动即将成为我校历史上的一页，然而，许多精彩的片段仍然历历在目，许多动人的歌声依然余音绕梁。
4. 希望同学们在艺术的天空中放飞希望，在嘹亮的歌声中健康成长！
5. 希望同学们德、智、体、美、劳全面发展、多元发展，这才是我们________中学培养出的优秀学生。

来宾经典贺词

1. 艺术是灿烂的花朵，芳香四溢，沁人心脾；艺术是跳跃的火焰，旺盛炽烈，令人心醉。
2. 赤橙黄绿青蓝紫，谁持彩练当空舞？希望同学们拿起手中的彩练，让青春飞扬！
3. 岁月已吹响嘹亮的号角，愿同学们一路高歌，一路欢笑，走向更美好的明天！
4. 同学们，校园文化艺术节就要落下帷幕，但通往艺术殿堂的大门永远为你们敞开。
5. 希望同学们不断努力，用深厚的文化和高尚的艺术健全人格、提升思想境界，用青春、智慧和激情创造更加美好的人生！

1
加油！希望你在赛场上取得好成绩。
谢谢老师，我一定努力为班级争光！
2
相信自己，你是最棒的。我们在终点等你，加油！
谢谢，等着我胜利的好消息吧。
3
希望你的节目在这次艺术节上获得大奖。
谢谢老师的支持和帮助。
4
祝你在歌唱比赛中取得好成绩，我们都支持你。
谢谢，比赛时你们都来给我加油吧。